...TORIQUE

...DES-PRÉS
A PARIS
(...-1789)

PRIMITIVEMENT DE

...E-DAME-DE-SAINTE-MARIE
A MOUZON (ARDENNES)
(1629-1675)

...ORDRE DE SAINT-BENOIT ET DE LA FILIATION
...SAINT-PIERRE-LES-DAMES, A REIMS (MARNE)

PAR

J.-B. E. CARRÉ
...Zélatrices de la Sainte-Eucharistie, à Paris
60, RUE DE DOUAI, 60

« Pax... et non erat pax. »
(Jérém., VI, 14.)

1888

ESQUISSE HISTORIQUE

DU PRIEURÉ DE

NOTRE-DAME-DES-PRÉS

(O. S. B.)

ESQUISSE HISTORIQUE

DU PRIEURÉ DE

NOTRE-DAME-DES-PRÉS

A PARIS
(1675-1739)

PRIMITIVEMENT DE

NOTRE-DAME-DE-SAINTE-MARIE

A MOUZON (Ardennes)
(1629-1675)

DE L'ORDRE DE SAINT-BENOIT ET DE LA FILIATION
DE L'ABBAYE SAINT-PIERRE-LES-DAMES, A REIMS (MARNE)

PAR

J.-B. E. CARRÉ

Aumônier des Zélatrices de la Sainte-Eucharistie, à Paris

60, RUE DE DOUAI, 60

Dicentes :
« *Pax, pax! et non erat pax.* »
(Jérém., VI, 14.)

1888

A Madame BERNARDINE,

*Supérieure générale de la Congrégation
des Religieuses zélatrices
de la Sainte-Eucharistie, à Paris.*

Hommage respectueux de son très humble et obéissant serviteur,

E. C.

AVERTISSEMENT

Tout le monde sait que le mot *Pax* est la devise de l'Ordre de Saint-Benoît.

Voici cependant une maison de l'Ordre au bonheur de laquelle tous, grands seigneurs, archevêques, rois et Papes ont concouru et dont les membres criant : « La Paix! la Paix! » ne purent jamais trouver la Paix : *Dicentes : Pax, Pax, et non erat Pax.*

J'ai cueilli les détails qui composent cette « Esquisse historique » un peu partout, comme on le verra, mais particulièrement dans l'*Histoire de la Ville de Paris* par le savant bénédictin Dom Lobineau (t. II, page 1518), dans la *Gallia christiana* (t. VII, c. 644) et parmi les papiers de Maurice Le Tellier, à la Bibliothèque nationale. (*Fonds fr.*, n° 20717.)

Puisse ce modeste travail être utile ou agréable à quelques-uns et mériter la Paix pour son auteur.

E. C.

Paris, en la fête de l'Immaculée-Conception de Notre-Dame, 8 décembre 1888.

ESQUISSE HISTORIQUE
DU PRIEURÉ
DE NOTRE-DAME-DES-PRÉS

C'était en l'année 1627, alors que les familles les plus nobles de France se faisaient un point d'honneur de donner chacune un de leurs enfants à l'Église, une baronne chrétienne, Mme Henriette de la Vieuville, — fille de Robert (1), marquis de la Vieuville, baron de Rugles, chevalier des Ordres du roi, lieutenant général au gouvernement de Champagne, grand fauconnier de France; veuve d'Antoine de Joyeuse, seigneur de Saint-Lambert, gouverneur de Mézières, mort le 26 octobre 1611 (2); et femme,

---

(1) Et de Guillemette de Bossut.

(2) Antoine de Joyeuse, quatrième fils de Foucauld de Joyeuse, comte de Grandpré, et d'Anne d'Anglure, sa deuxième femme, avait été d'abord abbé de Belval, mais jamais il ne fut comte de Grandpré, malgré que l'insinue Dom Lobineau dans son *Histoire de la ville de Paris* (t. II, p. 1518, in-folio). Il épousa Henriette le 15 mai 1594, et eut d'elle quatre enfants : 1° *Robert* de Joyeuse, seigneur de Saint-Lambert, qui était mort en 1660 ; 2° *Anne*, née en

en deuxièmes noces, de Jacques de Damas, baron de Chalancey (1), mort sans enfants de ce mariage le 6 juillet 1641, — avait une fille, née en 1599, Catherine de Joyeuse, la troisième de ses enfants, qui était religieuse professe à l'abbaye royale Saint-Pierre-les-Dames, à Reims, de l'Ordre de Saint-Benoît (2).

Or, le 1er mars de cette année (1627), par affection pour cette enfant à laquelle il lui était permis de souhaiter une situation religieuse en rapport avec sa haute naissance, par amour pour Dieu, et en rémission de ses péchés et de ceux de ses parents, comme le disaient si bien nos pères au moyen âge, — *Amore Dei et remissione peccatorum meorum et parentum meorum*, — Mme de la Vieuville fermait un testament par lequel elle fondait un monastère de filles : telle fut la première origine du *Prieuré de Notre-Dame des Prés*.

A la suite de cet acte pieux, la Providence ayant laissé à Mme de la Vieuville la joie de réaliser ce que celle-ci croyait être ses dernières volontés, cette dame obtint de l'archevêque Guillaume Gifford, aussi

---

1598, qui épousa Henri de Haraucourt, seigneur d'Escraignes, gouverneur de Nancy; 3° *Catherine*; et enfin 4° *Antoine-François*, né en 1602, qui a fait la branche des derniers seigneurs de Grandpré.

(1) Et non pas de *Chalance-Saint-Jean*, comme l'avance la *Gallia christiana* (t. VII, f. 644).

(2) L'abbaye Saint-Pierre-les-Dames, ou Saint-Pierre-aux-Nonnes, *Sancti-Petri-Remensis*, dans la ville de Reims, avait été fondée par saint Baudric et sainte Bove, enfants du roi Sigebert, vers l'an 660.

de l'Ordre de Saint-Benoît, en religion Gabriel de Sainte-Marie, qui gouvernait alors l'Église de Reims (1), l'autorisation d'établir ce monastère dans le diocèse (10 décembre de l'année suivante 1628).

Maintes raisons avaient fait désirer à Henriette de la Vieuville qu'il en advînt ainsi : non seulement elle avait habité un lieu soumis à la juridiction de l'archevêque de Reims, non seulement sa fille Catherine était religieuse à Reims ; mais la famille de Joyeuse possédait de grands biens dans l'étendue du même diocèse ; et son deuxième fils, Antoine-François de Joyeuse (2), mestre de camp d'un régiment d'infanterie, qui avait épousé, le 24 juin 1623, sa cousine germaine Marguerite de Joyeuse (3), et qui

---

(1) G. Gifford, issu de la maison de Chillington, l'une des plus illustres familles de Normandie qui suivirent Guillaume le Conquérant en Angleterre, naquit en 1553 dans le Staffordshire. Il commença ses études à Oxford, les continua à Louvain, puis à Paris, et fut reçu docteur à Pont-à-Mousson en 1576. De là il se rendit à Rome ; il devint ensuite successivement théologal de saint Charles Borromée à Milan, doyen de Saint-Pierre de Lille en Flandre, professeur et recteur de l'Université de Reims (1608), religieux de Saint-Benoît en Woëvre, au diocèse de Metz (1609), supérieur général des Bénédictins anglais réfugiés en France (1617), évêque d'Archidalie *in partibus* et auxiliaire du cardinal-archevêque de Reims, Louis de Guise (1618), et enfin son successeur (1624-11 avril 1629).

(2) A.-F. de Joyeuse, primitivement abbé de Thenailles et de Belval, avait quitté la carrière ecclésiastique pour celle des armes ; il mourut le 30 août 1632, laissant sept enfants à sa femme.

(3) Marguerite de Joyeuse était la troisième fille de Claude

était devenu comte de Grandpré, du chef de celle-ci, avait été nommé par le roi gouverneur de Mouzon et de Beaumont en Argonne.

Pour cette dernière raison surtout, Mme de la Vieuville choisit, par un acte testamentaire nouveau du 2 janvier 1629, la petite ville de Mouzon — d'ailleurs place forte en ce temps-là — comme lieu de l'établissement du futur monastère.

Peu après, elle y fit l'acquisition — au nom de sa fille — du terrain nécessaire à l'emplacement du couvent et elle dota celui-ci de 700 livres de rente annuelle destinées à l'entretien des religieuses.

Pour cela faire, Mme de la Vieuville engagea son domaine de Mouzon et d'autres biens; mais elle avait obtenu de l'archevêque de Reims et de l'abbesse de Saint-Pierre que sa fille serait nommée prieure à vie de sa fondation, et il lui suffisait (21 février 1629).

Cette abbesse de Saint-Pierre était encore probablement la vénérable mère Marguerite de Kir-

---

de Joyeuse, comte de Grandpré, gouverneur de Mouzon et de Beaumont, et de Philiberte de Saulx. Elle avait hérité ce comté de son frère Pierre de Joyeuse, tué au siège de Montauban (août 1621); mariée d'abord, en 1612, à Jean Pancrace de Hilendonck, baron de Peth et de Bruyères, elle n'épousa son cousin qu'en deuxièmes noces, et lui donna pour enfants : 1° *Charles-François* de Joyeuse, comte de Grandpré; 2° *Claude*, abbé de Mouzon et d'Elan en 1655-1710; 3° *Jean-Armand*, maréchal de France; 4° *Anne-Roberte*, qui fut mariée à Charles de Rouvre, baron de Cernay; 5° *Catherine-Philiberte*, qui épousa Claude de Saint-Vincent, baron d'Aunoy; 6° *Henriette*; et enfin 7° *Marie-Christine*, née posthume et morte jeune.

kaldi (1); cet archevêque, Guillaume Gifford dont j'ai parlé; tous deux morts vers le même temps : la première le 3 février 1629, le deuxième le 11 avril suivant; tous deux aussi remplacés dans leurs charges par le frère et la sœur, l'un par Henri de Lorraine, l'autre par Françoise de Lorraine, deux enfants de Charles de Lorraine, quatrième duc de Guise, et de Henriette-Catherine, duchesse de Joyeuse, cousine de la pieuse fondatrice (2).

---

(1) Issue d'une noble maison écossaise, elle avait été bénite le 27 août 1626 par l'archevêque Guillaume Gifford; elle mourut dans la cinquante et unième année de sa profession.

(2) Charles de Lorraine, duc de Guise, pair et grand-maître de France, prince de Joinville, souverain de Château-Regnault comte d'Eu, chevalier des Ordres du roi, gouverneur de Provence et amiral des mers du Levant, naquit le 20 août 1571. Ce fut lui qui eut le commandement de Champagne contre les Princes ligués en 1617. Tombé en disgrâce plus tard, il se retira à Florence avec sa famille, et mourut à Coni, dans le Siennois, le 30 septembre 1640 : son corps fut porté à Joinville en juillet 1641.

Il avait épousé en 1611 Henriette-Catherine, duchesse de Joyeuse, comtesse du Bouchage, née au Louvre le 8 janvier 1585, fille unique de Henri, comte du Bouchage, puis duc de Joyeuse, pair et maréchal de France, devenu religieux Capucin sous le nom de Père Ange, et de Catherine de Nogaret de La Valette. Henriette-Catherine avait été mariée en premières noces, en 1599, à Henri de Bourbon, duc de Montpensier; elle mourut à Paris le 25 février 1656, et fut enterrée aux Capucines.

Henri de Lorraine naquit à Blois le 4 avril 1614. Destiné à l'Église dès sa naissance, il fut nommé abbé du mont Saint-Michel à un an (1615); puis, à la mort du cardinal Louis de Guise, archevêque de Reims, son oncle (1621), abbé de Saint-Remi de cette ville, de Corbie, de Montiérender, d'Ourscamp,

Quoi qu'il en soit, la condition posée par Mme de la Vieuville ne semble pas avoir souffert de difficulté puisque, six mois après (29 août 1629), le nouvel archevêque ou tout au moins, car c'était un enfant, l'administrateur du diocèse, Henri Clausse de Marchaumont, évêque de Châlons-sur-Marne (1), permit à Catherine de Joyeuse et à trois autres religieuses de Saint-Pierre de Reims d'aller s'établir à Mouzon pour former le noyau du nouveau monastère, avec le droit, en attendant la construction des bâtiments claustraux, d'habiter en une maison digne de leur condition.

---

de Saint-Urbain de Châlons-sur-Marne et de Saint-Denys, en France (1622); il obtint encore l'abbaye de Saint-Nicaise de Reims en mai 1626, et enfin le siège archiépiscopal en 1629. — Il avait quinze ans! — La mort de son frère aîné, le prince de Joinville, et de son père, en le faisant duc de Guise, lui permirent d'abandonner une carrière qui ne lui plaisait pas. Alors commença cette longue série d'aventures qui ont fait de ce prince un des hommes les plus singuliers de son siècle. Il mourut à Paris le 2, et fut inhumé à Joinville le 26 juin 1664.

Françoise de Lorraine, sa sœur, née le 10 janvier 1621, n'avait que six mois quand elle fut amenée à l'abbaye de Saint-Pierre; elle prononça ses vœux à l'abbaye de Jouarre le 18 août 1637; nommée coadjutrice de Mme de Kirkaldi, elle revint à Reims le 21 décembre 1628; succéda à cette dame, fut transférée à l'abbaye de Montmartre, à Paris, en 1644, et mourut le 4 décembre 1682.

(1) H. Clausse, que Fisquet, dans la *France pontificale*, métrop. de Reims, 2ᵉ édit., p. 179, in-8°, surnomme *de Fleuri*, succéda à ses deux oncles sur ce siège épiscopal, en 1624. Il administra, en outre, l'archevêché de Reims jusqu'en 1634, et mourut en 1638.

Ainsi fut fondé, à Mouzon, dans les Ardennes, sous le vocable de *Sainte-Marie,* le couvent de religieuses bénédictines appelé plus tard de *Notre-Dame des Prés* (1).

La première supérieure de la communauté fut donc, par le fait de sa mère,

I

Mme Catherine de Joyeuse

(29 août 1629-1653)

Il est à croire que, pendant les premières années de leur séjour dans la ville de Mouzon, les religieuses de « Sainte-Marie », logées dans une habitation provisoire tandis qu'elles faisaient construire leur monastère, ne purent guère observer les constitutions de l'Ordre bénédictin ni les règlements de leur maison-mère; il est à croire, en outre, que cette situation dura au moins quatre ans puisqu'en 1634 seulement la maison nouvelle fut en état de les recevoir et qu'en cette année l'official et vicaire général de l'archevêque de Reims, Pierre Dozet (2), prêtre et

---

(1) Après tout ce qui précède, il est facile de saisir pourquoi certains auteurs placent la fondation de Notre-Dame des Prés en 1628, tandis que d'autres la retardent jusqu'en 1629.

(2) Et non pas *P. Doyen* (*Gallia chr.*). P. Dozet fut successivement professeur de métaphysique et recteur de l'Université de Reims en 1615, puis chancelier, à partir de 1616 qu'il fut nommé par le cardinal Louis de Guise, jusqu'en

docteur en théologie, leur prescrivit d'avoir à observer leurs règles : ce qu'elles firent avec une filiale obéissance.

Il n'en fallut pas davantage pour que le couvent devînt prospère : en peu de temps, la supérieure reçut des novices et admit à la profession monastique un certain nombre de religieuses ; bientôt même nous la verrons diriger dans une autre maison une partie de ses filles.

En attendant, l'an 1637, une armée espagnole menaçant cette frontière, car la ville de Mouzon était alors située aux confins du royaume, Mme Catherine de Joyeuse fut obligée de quitter sa demeure. Elle se réfugia d'abord chez Robert de Joyeuse, marquis de Saint-Lambert, lieutenant du roi au gouvernement de Champagne, son frère aîné, à Baslieu, près Reims ; mais cet asile ne pouvait lui convenir longtemps. Peu après qu'elle y fut arrivée, Robert sollicita et obtint pour elle de l'archevêque de Reims, son parent, ou plutôt de l'administrateur du diocèse, alors Henri Boivin, évêque de Tarse et en même temps coadjuteur d'Avranches (1), qu'elle transférât sa

---

1668 ; chanoine, vicaire général de Henri de Lorraine, et confirmé dans cette charge par l'administrateur H. Clausse le 5 août 1632 ; official ; archidiacre de Champagne à dater de 1642 ; il dut mourir en 1668.

(1) H. Boivin, fils de Jean, conseiller au Parlement de Rouen, et d'une sœur des deux évêques d'Avranches, Georges et François de Péricaud, fut d'abord doyen de Rouen, abbé de Montmorel, prieur de deux autres monastères ; il fut choisi par son oncle, en qualité de coadjuteur, en 1616 ; reçut

pieuse communauté dans la ville de Paris, à cause de l'incommodité de la guerre. Il fit la même démarche en compagnie de sa mère, Henriette de la Vieuville (1), comme fondatrice du monastère, auprès de l'archevêque de Paris, et il obtint de lui, le 8 mars 1638, la faculté d'acheter quelque emplacement que ce fût, à Picpus, en vue d'établir là le couvent. Jean-François de Gondi, qui gouvernait alors cette grande Église, et qui, dit-on, s'appliquait fort à fonder des maisons religieuses (2), mit comme seule condition que les bénédictines devraient être soumises à la juridiction, à la visite et à la correction

---

ses Bulles le 3 des nones d'août de cette année, et sacré évêque de Tarse le 28 mai 1617. Indépendamment des charges qu'il remplit dans l'Église d'Avranches, H. Boivin fut, en outre, nommé, vers 1634, par Henri de Lorraine, archevêque de Reims, son vicaire général ; il agit en cette qualité jusqu'à sa mort, arrivée à Roboret, près Rouen, le 12 février 1639 (Fisquet : *La France pontificale*, Reims, 2ᵉ édit., p. 179), avant celle de son oncle, et non pas en 1636 (*Gallia chr.*, XI, 502) : il fut enterré dans l'église paroissiale de Romery.

(1) Henriette de la Vieuville, remariée à cette époque au baron de Chalancey, n'était donc pas comtesse de Grandpré, comme l'avance la *Gallia chr.* (t. VII, c. 644).

(2) Georges d'Avenel : *Les Évêques et Archevêques de Paris*, t. I, p. 288 (Paris, 1878, in-8º.) — Jean-François de Gondi, au profit duquel le diocèse de Paris fut créé en archevêché (1622), était le troisième de sa race sur le siège de saint Denis. Il succédait à son frère, Henri de Gondi, cardinal de Retz, qui, lui-même, avait succédé à leur oncle, le cardinal Pierre de Gondi. Il était fils du duc de Retz et de Charlotte de Clermont-Tonnerre. Il fut sacré à Notre-Dame de Paris (1622) et mourut à soixante-dix ans en 1654.

éventuelles des archevêques de Paris. Enfin, les demandeurs reçurent la même facilité du roi de France, Louis XIII, par Lettres-patentes du mois de mars également (1), enregistrées le 28 juillet suivant au Parlement de Paris; si bien que Catherine de Joyeuse vint, en réalité, s'installer à Paris au faubourg Saint-Antoine, dans le quartier de Picpus.

Cependant cette installation, dans l'esprit de la supérieure, n'était encore que provisoire.

En 1640, lorsque le danger fut passé pour ses filles et avec lui le prétexte de la translation du couvent, Mme Catherine de Joyeuse s'en revint à Mouzon où sa communauté s'augmenta d'un nombre considérable de professes et où bientôt elle dut faire de grandes acquisitions.

C'est à ce moment (1641) que les moines Guillelmites (2) de Louvergny (Ardennes) commencèrent

---

(1) La *Gallia chr.* rapporte que ces « Lettres » furent octroyées et enregistrées le 20 juillet; c'est une erreur, puisque les « Lettres » de Louis XIV, de 1689, portent les dates de mars et de 28 juillet.

(2) Les ermites de Saint-Guillaume, de l'Ordre de Saint-Benoît, tirent leur nom d'un saint solitaire, mort dans son ermitage de Malevaì, au territoire de Sienne, en Italie, où il s'était retiré vers 1155. Le bruit des miracles opérés sur le tombeau de ce saint fit qu'on y bâtit une église, puis une abbaye, dont les membres formèrent une Congrégation déjà fort répandue dans le siècle suivant. Ces religieux étaient établis à Paris, aux Macabées de Montrouge, avant 1266 de là ils vinrent succéder aux *Blancs-Manteaux* en 1297, où ils furent réformés et unis à la Congrégation de Saint-Vanne en 1618. — Le Prieuré de Louvergny fut, en France, le deuxième de cet Ordre.

de traiter avec Henriette de la Vieuville et les religieuses la vente du Prieuré qu'ils occupaient et qui avait été fondé en 1245 ou 1249, par Jean, dit sire d'Espance, comte de Rethel (1), en un endroit appelé pour cette raison *Mont Saint-Guillaume*, puis transféré, douze ans après, dans une prairie nommée *Prés Sainte-Marie* ou *Notre-Dame*, sur cette paroisse de Louvergny, à quelques lieues de Mouzon, dans le même diocèse.

Vers le même temps, ces dames faisaient, de leur côté, l'acquisition d'autres propriétés, car, peu après, une bulle du pape Innocent X (1644-1655), datée du 15 juillet 1645, et visée quelques années plus tard par l'official de Reims, permettait d'unir à leur couvent un ou plusieurs Bénéfices simples dépendants de l'abbaye des moines bénédictins de Mouzon (2).

Pour comble de fortune, le 4 juillet de l'année suivante, 1646, le roi priait le Pape d'ériger le couvent

---

(1) Jean, deuxième fils de Hugues II, comte de Rethel, et de Félicité de Broyes, avait hérité du comté, en 1244, à la mort de son frère aîné, Hugues III (1243), et de la fille de celui-ci, Marie, qui avait succédé à son père. Il avait épousé, en novembre 1235, Marie, fille d'Arnould, sire d'Oudenarde, qui mourut sans enfants; puis, en 1242, Marie, fille de Jean, châtelain de Noyon. Il mourut, en 1251, sans postérité; son frere, Gaucher, lui succéda.

(2) L'abbaye Notre-Dame de Mouzon, *Sancta Maria de Mosomo*, dans la ville de ce nom, entre Sedan et Stenay, fut fondée, en 971, par l'archevêque de Reims, Adalbéron, qui y fit venir des moines du Prieuré de Thin-le-Moutier (Ardennes), dépendant de l'abbaye Saint-Remi de Reims. Elle existait encore en 1790.

de ces dames en *Abbaye* (1) ou tout au moins en *Prieuré*, sous le vocable de l'*Assomption de Notre-Dame*, et de confirmer à la tête de la communauté Mme Catherine de Joyeuse.

Dans ces mêmes circonstances, Marguerite de Joyeuse, veuve du défunt comte de Grandpré, cousine et belle-sœur de Mme Catherine, faisait sous forme de fondation, institution et donation aux religieuses, de grandes largesses au nouveau monastère, car elle lui abandonna les moulins (2) de Verpel, village situé proche Grandpré, à quelques lieues au sud de Mouzon, puis des terres, des prés, une maison avec ses dépendances, dont les bénédictines devaient retirer 500 ou 600 livres de revenu annuel, en augmentation de la fondation primitive faite par Henriette de la Vieuville. En retour, les sœurs de Sainte-Marie de Mouzon accordèrent à cette branche de la famille de Joyeuse le droit de nomination ou de présentation au Bénéfice et elles lui confirmèrent celui de patronage : Fait et passé le 15 mai 1647, en présence de deux notaires royaux. Enfin, le 31 août de la même année (1647), par Lettres enregistrées aux livres des Insinuations de la cour ecclésiastique de Reims, l'archevêque Léonor d'Étampes de Valen-

---

(1) Quelques auteurs, trompés sans doute par cette demande, donnèrent à tort, plus tard, au *Prieuré* le titre d'*Abbaye*.

(2) Les *Deux Moulins* de Verpel existent encore ; ils forment un écart de la commune.

çay (1), qui travaillait avec saint Vincent de Paul à extirper l'hérésie de ces contrées, érigea canoniquement ledit couvent en *Prieuré* et il permit, sous le bon plaisir du Pape, que Catherine de Joyeuse fût la prieure. Cette décision ne tarda pas à être confirmée par le Souverain Pontife et dès lors Catherine de Joyeuse, en vertu des bulles qui lui furent adressées et qui furent dans la suite visées et approuvées par l'official de Reims, prit possession officielle du Prieuré : Le tout, disent les auteurs de la *Gallia christiana*, fut transcrit aux registres des Insinuations à la curie de Reims, l'an 1653.

Cependant l'acquisition de Louvergny avait été faite par le concordat du 27 juillet 1649 et l'union confirmée le 5 août suivant par une bulle que l'official de Reims ne promulgua qu'en même temps que

---

(1) Léonor d'Étampes de Valençay, deuxième fils de Jean d'Étampes, seigneur de Valençay en Berri, conseiller d'État, et de Sara d'Happlaincourt, naquit le 6 février 1589 au château de Valençay. Il étudia au collège de Navarre, à Paris, fut pourvu pendant ce temps de plusieurs abbayes, nommé en juin 1620 à l'évêché de Chartres, sacré à Paris dans l'église des Carmes et intrônisé le 24 décembre suivant. Peu après, en conséquence de l'érection du diocèse de Paris en archevêché (20 octobre 1622) et du rattachement de son siège à la nouvelle métropole, il assista au sacre du nouvel archevêque Jean-François de Gondi. Le 18 novembre 1641, il fut transféré à l'archevêché de Reims, dont il prit possession le 1er avril 1642; il mourut à Paris le samedi-saint, 8 avril 1651, pendant la tenue de l'assemblée du clergé de France. Son corps fut déposé avec les siens dans la chapelle Saint-Jacques de l'église des Carmes et son cœur dans l'église abbatiale de Bourgueil, dont il était abbé.

l'érection du Prieuré et la nomination de la titulaire le 3 juin 1653. Catherine de Joyeuse avait même pris possession de cette maison en 1651 ; elle y avait conduit une partie de sa communauté pour faire le service divin et lui avait donné, par une transposition heureuse, le nom béni de *Notre-Dame-des Prés;* mais elle n'y était pas restée ; elle était de retour au Prieuré de Mouzon où elle mourut l'année de son institution canonique en 1653, à l'âge de cinquante-quatre ans.

II

Mme Henriette de Joyeuse

(1653-1654)

lui succéda.

L'auteur des *Annales civiles et religieuses d'Yvois-Carignan et de Mouzon* (1), avance que cette seconde prieure fut la mère elle-même de la défunte Catherine ; je crois plutôt qu'il s'agit de sa nièce, certainement religieuse, la deuxième fille de son frère, Antoine-François de Joyeuse, et de sa cousine, Marguerite de Joyeuse, dont le nom, l'âge et la vocation s'accordent à la faire accepter, tandis que la mère de Catherine, au contraire, portait le nom de la Vieuville et non pas de Joyeuse, qu'elle

---

(1) Charles-Joseph Delahaut, *O Præm.*, publié par L'Écuy, ancien général du même Ordre ; Paris, 1822, in-8°, p. 282.

aurait eu alors près de quatre-vingts ans et qu'il ne fut jamais dit d'elle qu'elle prit l'habit de religion.

Au reste, et c'est le seul détail qui pourrait confirmer la première hypothèse, la nouvelle prieure ne fit que passer dans sa charge, car elle mourut l'année suivante, 1654. Peut-être même ne sut-elle pas que le roi Louis XIV avait approuvé, comme le Pape l'avait fait, l'union du Prieuré de Louvergny à celui de Mouzon, car le diplôme royal ne fut enregistré au Parlement de Paris que le 5 novembre 1654.

La troisième prieure du monastère fut Madame

III

Claude-Gabrielle-Angélique de Coucy de Mailly
(1654-1668)

Commençons par donner quelques détails sur sa famille ; Claude-Gabrielle-Angélique avait trois sœurs :

1º Marie-Françoise de Mailly, qui épousa Claude-Antoine de Gramont et en deuxièmes noces, Charles, comte d'Aspremont ;

2º Marie-Charlotte de Mailly, marquise de Chémery, qui fut mariée, en 1661, à Charles-François de Joyeuse, fils aîné et successeur d'Antoine-François de Joyeuse, son père, dans le titre de comte de Grandpré et dans la charge de gouverneur de Mouzon et de Beaumont, mort le 8 mars 1680 ;

Et enfin 3° Isabelle de Mailly, dite de Coucy, comme Claude-Gabrielle-Angélique, et, comme elle aussi, religieuse.

Elle était fille de Louis de Mailly, dit de Coucy, seigneur de Rumesnil et de Chémery, qui avait épousé, en 1625, Isabelle-Claire-Eugénie de Croy.

Ce Louis de Mailly, dont la branche fut éteinte à la mort de ses quatre enfants, était fils unique de Louis de Mailly, seigneur de Rumesnil, qui épousa vers l'an 1580, Guillemette de Coucy.

Claude - Gabrielle - Angélique, surnommée de Coucy, appartenait donc à la célèbre famille des Mailly qui devait, quelques années plus tard, donner au diocèse de Reims un cardinal-archevêque dans la personne de François de Mailly (1); elle était issue de la branche de Rumesnil (éteinte en 1630), qui avait donné naissance à la branche de

---

(1) François de Mailly naquit à Paris le 4 mars 1658; il était le troisième fils de Louis-Charles, marquis de Mailly, et de Jeanne-Marguerite de Mouchy, marquise de Nesle et de Montcavrel. Licencié de Sorbonne et aumônier du roi, François de Mailly obtint plusieurs abbayes en commende; le 25 décembre 1697, Louis XIV le nomma à l'archevêché d'Arles pour lequel il fut sacré le 11 mai 1698. Il fut transféré à Reims le 12 juillet 1710, prit possession de son siège le 25 mars 1711, fut nommé cardinal *proprio motu* par le pape Clément XI le 29 novembre 1719, en récompense de son zèle pour défendre les droits de l'Église contre le gallicanisme, et mourut le 13 septembre 1721 dnas son abbaye de Saint-Thierry-les-Reims. Son corps fut inhumé dans sa cathédrale et son cœur dans l'église paroissiale de Nesle au milieu de ses ancêtres.

Lépine (éteinte en 1690) et qui avait été séparée, en 1502, de la branche d'Auchy, séparée elle-même de l'aînée (éteinte en 1550) en 1450. Mais ce qu'il faut tout particulièrement remarquer, c'est le lien de famille qui existait entre Mme de Coucy et Mme de Joyeuse, la précédente prieure dont le frère aîné avait épousé sa deuxième sœur : ce lien fut la raison de la nomination de Claude-Gabrielle-Angélique au priorat du monastère. Le même lien de famille avait déjà fait sortir Mme de Coucy de l'abbaye Notre-Dame de Soissons (1) où elle était entrée primitivement et où elle avait fait son noviciat, pour qu'elle vînt faire profession et s'attacher, par conséquent, au Prieuré de Mouzon.

Malheureusement, à l'époque où cette jeune et grande dame prenait la direction du monastère, les maux d'une guerre incessante en cette extrême frontière où était situé Mouzon et les excursions des Espagnols devaient fort contribuer, non seulement à diminuer la régularité de la maison, mais encore à éprouver rudement la sainteté de chacune des religieuses. C'est forcé en pareilles circonstances, bien que cela n'en soit pas moins déplorable; et c'est ce qui arriva, durant ces temps désastreux, dans un

---

(1) L'abbaye Notre-Dame de Soissons fut fondée dans le Palais royal de cette ville, en 658, par Ébroïn, maire du Palais, Leutrade, sa femme, et leur fils, Bovon. Saint Drausin, alors évêque de Soissons, y établit la règle de saint Colomban et plaça pour 1re abbesse une religieuse de l'abbaye de Jouarre, près Meaux.

grand nombre de monastères. Heureux encore quand les pauvres filles pouvaient prendre la fuite à temps et éviter ainsi le sort des religieuses dont le burin de Callot a représenté les tristes nécessités (1).

Ce ne fut donc pas seulement le Prieuré de Mouzon qui fut troublé par les *misères de la guerre;* mais le malheur des autres ne diminua point le sien.

Vers 1656, c'est-à-dire moins de deux ans après la nomination de Mme de Coucy, les religieuses se seraient vues forcées de quitter leur maison pour la seconde fois; la prieure, retirée à Château-Thierry, aurait été logée chez La Fontaine, alors âgé de trente-cinq ans. Tallemant des Réaux raconte, à cette occasion, dans ses *Mémoires* (2), une « Historiette » peu digne de cette prieure et qu'il convient de mettre en doute. Ce qu'il y a de plus certain c'est que, quelque temps après, en 1657, Mme Claude de Coucy, rentrée dans son couvent, invita La Fontaine à venir la visiter. Mais la guerre durait encore avec les Espagnols; ils occupaient Rocroy, dans les Ardennes, et avaient dans cette ville une garnison nombreuse commandée par un chef expérimenté, nommé Montal (3), qui jetait la terreur dans toute

---

(1) A. Feillet : *La Misère au temps de la Fronde et saint Vincent de Paul;* Paris, 1862, in-12, p. 11.

(2) T. II, in-8°, p. 378.

(3) Ch. de Montsaulnin, comte de Montal, depuis lieutenant général et chevalier des Ordres du roi.

la Champagne. Le bonhomme répondit par une lettre en vers qu'a pu louer Mme de Sévigné mais qui n'en est pas moins fort irrévérencieuse. Expliquant à la « très révérende mère en Dieu » comment il n'osait céder à son invitation, il lui cita l'aventure, alors récente, de M. Girardin, lequel, en se rendant à Bagnolet, fut enlevé par M. Barbezières et par son frère Chemeraut, puis transporté à Bruxelles où l'on négociait encore sa rançon (1) :

> Les Rocroix, gens sans conscience,
> Me prendraient aussi bien que lui,
> Vous allant conter mon ennui.
> J'aurais beau dire à voix soumise :
> « Messieurs, cherchez meilleure prise ;
> Phébus n'a point de nourrisson
> Qui soit homme à haute rançon ;
> Je suis un homme de Champagne
> Qui n'en veut point au roi d'Espagne ;
> Cupidon seul me fait marcher. »
> Enfin, j'aurais beau leur prêcher,
> Montal ne se soucierait guère
> De Cupidon ni de sa mère :
> Pour cet homme en fer tout confit
> Passe-port d'amour ne suffit...

Je n'irai pas plus loin dans cette citation (2).

---

(1) Sur cette affaire, voir Fouquet (l'Intendant) : *Défenses*, t. II, p. 269, et t. VIII (ou III de la continuation), p. 77 ; — Gourville : *Mémoires*, t. I, p. 203 ; — et Anquetil : *Histoire de Reims*, in-18, t. III, p. 315.

(2) La Fontaine : *Épitres*, dans les *Œuvres complètes*...., éditées par Walckenaer et imprimées par Lefèbre ; Paris,

Qu'arriva-t-il après cela au Prieuré de Mouzon ? Dieu le sait. Toujours est-il que Mme de Coucy garda sa direction encore pendant dix ans.

En 1668, appelée, pour une raison qui m'échappe, à la cour de Charles de Lorraine par la jeune duchesse, Marie d'Aspremont, sa nièce, fille de sa sœur Marie-Françoise de Mailly et du comte Charles d'Aspremont (1), elle résigna son Prieuré de Mouzon et de Louvergny, à la réserve de 400 livres de pension annuelle, à

1823, in-8°, t. VI, p. 54. — Walckenaer : *Histoire de la Vie et des Ouvrages de J. de La Fontaine*; Paris, A. Nepveu, 1824, 3ᵉ édit., in-8°, p. 12, 37 et 597; — Mathieu Marais : *Histoire de la Vie et des Ouvrages de J. de La Fontaine*, p. 11 de l'édit. in-12 et 15 de l'édit. in-16.

(1) Charles IV, duc de Lorraine, comte de Vaudemont, prit possession de la Lorraine en 1624, avec la duchesse Nicole de Lorraine et de Bar, sa cousine germaine et sa femme, qui ne lui laissa pas d'enfants. Il se démit de ses États le 9 janvier 1634, se retira en Allemagne, et mourut le 17 septembre 1675 à soixante et onze ans passés. Son corps fut déposé dans l'église des Capucins de Coblentz d'où il fut porté le 20 mai 1717 à la Chartreuse de Bosserville qu'il avait fondée près Nancy. — Il avait épousé, en deuxièmes noces, Béatrix de Cusance, veuve du prince de Cautecroix; et, en troisièmes noces, Marie d'Aspremont, le 4 novembre 1665; celle-ci se remaria en 1679 à Henri-François, comte de Mansfeld, chevalier de la Toison d'Or et grand-maître de la maison de l'Impératrice.

IV

Mme Marie-Suzanne Dolu

(1668-1674)

Cette nouvelle prieure était religieuse de l'abbaye Saint-Remi et Saint-Georges de Villers-Coterets (1) (Aisne) d'où elle fit venir sa sœur, Marguerite Dolu, qui était également religieuse.

Le 15 janvier 1669, elle reçut du Parlement de Paris confirmation de l'union du Prieuré de Louvergny au sien et aussi de toutes les donations, bulles pontificales et diplômes royaux qui avaient été octroyés à sa maison.

Cela n'empêcha pas que, sous son gouvernement, la communauté ne devînt pas plus régulière. Loin de là, la discipline fut relâchée au point que l'archevêque de Reims, Charles-Maurice Le Tellier (2),

---

(1) L'abbaye Saint-Remi de Villers-Cotterets fut d'abord un Prieuré de Bénédictins sous le vocable de saint Georges et sous la dépendance de l'abbaye de La Chaise-Dieu. Les religieuses de Saint-Remi, près Senlis, dont les diverses résidences avaient été détruites en 1179, 1435 et 1589, et qui s'étaient trouvées obligées de résider dans la ville même, obtinrent du pape Grégoire XV le Prieuré de Saint-Georges, près Villers-Cotterets, et vinrent s'y établir en 1630.

(2) Charles-Maurice Le Tellier, troisième fils de Michel Le Tellier, chancelier de France, et d'Élisabeth Turpin de Vaudredon, naquit à Turin, le 18 juillet 1642. Dès sa jeunesse, de riches abbayes lui furent données en commende. En mai 1668, il fut nommé coadjuteur de Langres, puis de Reims,

à peine monté sur le siège de saint Remi, s'en émut et qu'il crut devoir intervenir. Le 2 novembre de l'année 1671, il envoya le Père Gabriel de Boissy, prêtre, chanoine régulier de Saint-Augustin, et prieur de l'abbaye Saint-Martin d'Epernay (1), pour visiter le Prieuré. Dix jours plus tard, d'après le compte rendu du Père, Le Tellier adressa aux religieuses une ordonnance en forme de règlement qui obligeait la mère prieure à rétablir ses bâtiments dans la sévère distribution qui sied à un établissement de religieuses (2). Malheureusement ce fut en vain. Moins de deux ans plus tard, tout était à recommencer. Les troupes espagnoles ravageaient la partie orientale du diocèse de Reims, et les petites places de Mouzon et de Donchery étant trop faibles pour leur offrir une résistance sérieuse, le roi Louis XIV, malgré toutes les supplications du puissant archevêque, frère du ministre de la guerre,

---

en juin; il fut sacré dans l'église de la Sorbonne, à Paris, le 11 novembre de la même année et il prit possession le 13 avril 1669. Devenu titulaire du siège, il fit son entrée dans sa ville archiépiscopale le 11 octobre 1671. Charles-Maurice Le Tellier se distingua par son zèle pour le maintien de la discipline ecclésiastique dans son diocèse, mais aussi par le gallicanisme de ses idées. Il mourut subitement à Paris le 22 février 1710, et fut inhumé dans l'église Saint-Gervais où sont encore les tombeaux de sa famille.

(1) L'abbaye Saint-Martin d'Épernay, dans la petite ville de ce nom, jadis du diocèse de Reims, actuellement de Châlons-sur-Marne, fut fondée par Thibaud, fils aîné de Eudes II, comte de Champagne et de Brie, en 1032.

(2) Voir aux *Pièces justificatives*, n° 1.

marquis de Louvois, ordonna de détruire les fortifications de la ville (1673). On pense dans quel état d'esprit, au reçu de cette nouvelle, furent jetées les religieuses dont le couvent placé à l'entrée de la ville devenait plus que jamais exposé à tous les dangers de la guerre, et aussi ce que devint la règle en pareille circonstance. Mais Le Tellier veillait; il survint une deuxième fois dans les affaires de la maison et poursuivit l'œuvre de réforme qu'il avait entreprise.

On est même étonné, pour peu que l'on connaisse la trempe du caractère de cet homme, ordinairement si plein d'âpreté pour ses prêtres, pour les religieux de son diocèse et pour tous ceux, en général, qui contrariaient ses vues, de voir avec quelle délicatesse et quelle prudence extrêmes il essaya de rétablir parmi les religieuses de Sainte-Marie de Mouzon la discipline et la sainteté de leur vie. « Ne voulant rien épargner », comme il dit dans une autre Ordonnance, de ce qui peut dépendre de lui pour faire vivre ses filles selon la promesse qu'elles avaient faite à Dieu, lui-même voulut bien se transporter à Mouzon et visiter, en personne, le Prieuré. Pendant trois jours consécutifs, les 27, 28 et 29 juillet 1673, il se rendit un compte scrupuleux et complet des besoins de la communauté et il rappela nettement les Sœurs à l'observance sérieuse de la règle de saint Benoît, leur fondateur. La régularité de l'office divin, la clôture, l'esprit de pauvreté et la défense de toute propriété individuelle, l'exclusion des religieuses étrangères, admises sans autorisation suffisante (1), la mesure relative à la bonne harmonie des membres de la communauté et à l'administration spirituelle de la maison sont les points principaux sur lesquels l'archevêque fit porter sa réforme. Après cela, sans briser la prieure, il établit comme directrice la sous-prieure, sœur Charlotte Desmangin, dite en religion de Sainte-Mectilde ; comme portières et tourières sœur Alexis Richard, dite du Saint-Sacrement (2), et sœur Louise Dubois, dite de Sainte-Scholastique ; comme dépositaires et procureuses, la directrice, sœur Marie Desmangin et sœur Jeanne de Villiers, dite de Sainte-Agnès ; comme sacristine, sœur Elisabeth Gillat, dite de Sainte-Thérèse ; comme dépensière,

---

(1) Sœur Marguerite Dolu, de laquelle j'ai parlé, et sœur Catherine de Nantouillet, religieuse bernardine, professe de l'abbaye aux Bois, à Paris.

(2) Le nom donné à cette religieuse ; celui de la sœur sainte Mectilde, qui rappelle si bien le nom de la fondatrice de l'Institut des Bénédictines de l'*adoration perpétuelle du Saint-Sacrement* (1652), la mère Mechtilde du Saint-Sacrement, dans le monde Catherine de Bar (1614-1698) ; le nom de la sœur Saint-Joseph, nom cher également aux Adoratrices et aux Réparatrices ; enfin, le fait que la dernière prieure de Notre-Dame des Prés se réfugia (1739) chez les Bénédictines du Val d'Osne à Charenton, consacrées comme les filles de la rue Cassette ou de la mère Mechtilde, et celles du Temple ou de la mère Marie-Joseph (Louise-Adélaïde de Bourbon-Condé), au culte perpétuel du Saint-Sacrement, me porteraient à croire que les Bénédictines de Notre-Dame des Prés auraient été elles-mêmes Adoratrices : mais ce n'est là qu'une conjecture.

sœur Anne de Saint-Géry, dite de Sainte-Gertrude; et enfin comme infirmière, sœur Jeanne Rainssant, dite de Saint-Joseph, avec la sœur Gillat, la sacristine, pour adjointe.

Paul Bida, curé de Chémery et doyen rural du doyenné de Mouzon, fondé de pouvoirs pour entendre ordinairement les confessions des religieuses, fut chargé de veiller à l'exécution de ce règlement qu'une Ordonnance écrite confirmait le lendemain, 30 juillet, dans ses moindres détails (1).

Il est facile de concevoir qu'en conséquence de cette réforme, la prieure, Mme Marie-Suzanne Dolu, ne demeura pas dans sa charge : ce fut

V

Mme Christine Lenet

(1674-28 août 1678)

qui fut nommée en sa place (2).

En toutes autres conjonctures, ce changement de prieure, à la suite d'une réforme profonde, eût pu

---

(1) Voir aux *Pièces justificatives*, n° II.

(2) Christine Lenet fut peut-être la fille de Pierre Lenet, issu d'une famille noble de Dijon où il naquit, plus tard conseiller au Parlement de Bourgogne (22 septembre 1637) sur la résignation de Claude Lenet, son père, puis procureur général en cette cour (3 avril 1641) et à la Table de marbre le 19 novembre 1646 ; l'un des Intendants de Justice, Police et des Finances pendant le siège de Paris, ambassadeur à Venise en 1649, et enfin mort à Paris en 1671.

produire les meilleurs résultats et ramener la paix dans la communauté. Mais, cette fois, le danger persistant et la frayeur continuelle des religieuses furent plus forts que la ferme volonté du prélat et rendirent ses efforts inutiles.

Pendant l'année 1674, qui suivit, les sœurs se crurent obligées *à travailler plus fortement* (qu'elles l'avaient fait trente-six ans auparavant) *à trouver un établissement dans la ville de Paris, suivant la permission... accordée par... Lettres patentes afin de mettre* (leur) *monastère en tel état* (qu'elles) *y puissent vivre... en paix et dans une parfaite régularité.* Le comte de Grandpré, Charles-François de Joyeuse, en qualité de patron-présentateur du Prieuré, leur donna son consentement le 16 mai; l'archevêque ne s'y opposa pas davantage : au contraire, lorsqu'au commencement de 1675 (1), la prieure, Mme Christine Lenet lui présenta requête en vue d'obtenir pour sa communauté permission de partir, il ne fit pas de difficulté :

« Désirant, lui dit-il, autant qu'il est en nous,
« vous favoriser dans votre dessein..... nous vous
« avons permis et permettons par ces présentes, de
« transférer votre monastère et les religieuses qui y
« sont dedans et y ont fait profession, en ladite ville
« de Paris pour vous y établir et vivre conformément
« à votre règle et constitution sous l'obéissance et la

---

(1) Dom Lobineau et la *Gallia christiana* disent 1674 par erreur, puisque le texte des Lettres patentes porte 1675.

« juridiction de notre Ill^me et R^me confrère, le sei-
« gneur archevêque de Paris, après que vous aurez
« obtenu la lettre de permission et autre consente-
« ment nécessaires ; laquelle translation vous ne
« pourrez néanmoins exécuter qu'après que vous
« aurez trouvé une maison en la ville ou faubourg
« de Paris pour vous et vos religieuses, laquelle
« maison aura été jugée en état de vous recevoir
« toutes par ledit seigneur archevêque de Paris, et
« soubs les clauses et conditions que les décimes
« ordinaires que paye votre dit Prieuré dans notre
« diocèse de Reims y seront payés à l'ordinaire
« sans que vous puissiez, en aucune manière, vous
« en exempter, et que vous acquitterez dans le
« monastère que vous établirez dans ladite ville ou
« faubourg de Paris, les fondations que vous deviez
« à Mouzon ; comme aussi que vous ne pourrez
« disposer du bien que vous occupiez audit Mou-
« zon, et qui, par conséquent, était destiné à des
« usages saints, sans notre permission (1). »

Tandis que Maurice Le Tellier parlait ainsi à la prieure (11 février), l'archevêque de Paris, François de Harlay de Champvallon (2), acceptait de rece-

---

(1) Voir aux *Pièces justificatives*, n° III.
(2) François de Harlay était le fils d'Achille de Harlay, marquis de Bréval, seigneur de Champvallon ; d'abord abbé de Jumièges, il devint, à vingt-six ans, archevêque de Rouen, puis, en 1671, archevêque de Paris, à quarante-cinq, et membre de l'Académie française. Il mourut dans sa maison de campagne de Conflans d'une apoplexie foudroyante, en 1695.

voir la pieuse communauté dans son diocèse (3 décembre 1675), aux conditions posées par son prédécesseur le 8 mars 1638. D'autre part, du côté des religieuses, tout était disposé, car elles partirent cette année même (1), sans aucun doute avec leurs sœurs de Louvergny, aussi menacées qu'elles par les maux de la guerre (2). Elles s'établirent à Paris, sous le nom de *Religieuses de Notre-Dame des Prés*, dans une maison de la rue du Bac, au faubourg Saint-Germain, en attendant l'occasion de se procurer un établissement définitif et plus convenable.

C'est alors que la prieure, Mme Christine Lenet, tenta de ne plus payer la pension de Mme de Coucy. Mais tout autre était l'intention de cette dame; elle se pourvut « en regrez » au conseil; elle avait même obtenu, sinon gain de cause, du moins plusieurs arrêts en sa faveur, lorsque, soudain, pendant la durée du procès, la prieure mourut, le 28 août 1678.

Cette mort inopinée fut pour le monastère, pen-

---

(1) Et non pas en 1687, comme l'avance Dom Lelong dans son *Histoire ecclésiastique et civile du diocèse de Laon*, in-4°, p. 341.

(2) Les religieuses de Louvergny seraient-elles rentrées chez elles plus tard? Les *Archives des Ardennes*, série H, n° 442, renferment dans un portefeuille vingt-cinq pièces en papier concernant ce couvent, de 1665 à 1782. — D'autre part, Dom Marlot dit, dans son *Histoire de la ville de Reims*, édition franç., Reims, in-4°, 1843, t. I, p. 701, à propos de cette maison : « Le prieuré de Louvergny, de l'Ordre de Saint-Guillaume, est maintenant changé en abbaye de filles. » — Enfin, un des écarts du village actuel de Louvergny porte encore le nom de *l'abbaye*.

dant un petit temps, une occasion de trouble extrême.

D'une part, pour couper court à ses difficultés, Madame

VI

Claude-Gabrielle-Angélique de Coucy de Mailly
(1678-6 mai 1708)

sur une nouvelle nomination du comte de Grandpré, Charles-François de Joyeuse, et par arrêt, rentra en possession de sa charge ancienne de prieure; mais, en même temps, de son côté, une autre religieuse, Mme *de Labadie de Bondernaut*, forte de l'autorité de l'archevêque de Paris, obtenait un brevet du roi Louis XIV, des bulles du pape Innocent XI (1676-1689), qui la nommaient prieure; et, qui plus est, une lettre de cachet exilait Mme Claude de Coucy, son adversaire, à l'abbaye de Malnoüe (1).

Je ne sais si l'exil de Mme de Coucy fut effectif; en tous cas il ne fut pas de longue durée, car le comte de Grandpré intervint en qualité de fondateur du Prieuré de Mouzon, présenta, le 1er décembre de la même année (1678), sa protégée à l'archevêque (2),

---

(1) L'abbaye de Malnoüe ou de Notre-Dame du Frotel, dite encore de Bois-aux-Dames, au diocèse de Paris, avait été fondée, en 1171, à 4 lieues de la capitale et à 2 lieues de Lagny.

(2) La *Gallia christiana* dit que ce fut à l'archevêque de Reims, par erreur, au lieu de l'archevêque de Paris, sous la juridiction duquel les religieuses étaient placées depuis leur arrivée dans ce diocèse.

et fit exclure du Bénéfice la dame de Bondernaut.

A partir de ce temps, Mme Angélique de Coucy, redevenue prieure, demeura en possession paisible de Notre-Dame des Prés.

Quelques années plus tard, la même prieure, qui avait travaillé à l'acquit de quelques dettes contractées par la communauté, chercha une maison plus commode pour établir ses filles; en ayant trouvé une, au même faubourg Saint-Germain, dans lequel elles étaient logées, mais à l'extrémité de la rue de Vaugirard, au coin de la rue de Bagneux, près la dernière barrière de la rue de Vaugirard, sur la paroisse Saint-Sulpice, « où il y avait eu un établissement de Religieux qui, par le mauvais gouvernement et administration de leurs biens, furent obligés de quitter », elle l'acheta par contrat du 28 mai 1689 (1). Au mois de juillet suivant, le roi lui accorda les Lettres-patentes nécessaires; et, par une gracieuseté toute singulière, il amortit *ladite maison, église, jardin et enclos, sans que lesdites supérieure et religieuses soient tenues de* (lui) *payer aucunes finances ni indemnités, de laquelle, à quelque somme qu'elle* (eût pu) *monter,* (il) *leur* (a) *fait remise.* Ces Lettres furent enregistrées au Parlement de Paris le 5 août 1695, à la Chambre des Comptes le 12, et au

---

(1) La *Gallia christiana* et H. Sauval : *Histoire et Recherches des Antiquités de la ville de Paris*, 1724, in-fol., t. I, p. 660, disent, par erreur, 1675.

Greffe des gens de mainmorte le 10 août 1701 (1).

Cependant la prieure n'attendit pas jusqu'à l'époque de cette dernière formalité pour transférer sa communauté de la maison dans laquelle elle habitait depuis quatorze ans dans la nouvelle acquisition : dès le 19 août 1689, tout était accompli.

Ce devait être une des dernières œuvres de Mme de Coucy. Devenue fort avancée en âge, puisqu'elle avait commencé à gouverner le Prieuré près de cinquante ans auparavant, elle accepta, le 4 mai 1703, une sœur coadjutrice, qui fut Mme Anne de Scorailles de Roussilhe, religieuse de l'abbaye de Chelles (2). Mais ce fut tout ce qu'on put obtenir d'elle : comme il arrive à beaucoup de vieillards, la vénérable mère tint sa coadjutrice éloignée d'elle tant qu'il lui fut possible de se passer de ses services. En 1707 seulement, octogénaire et toute paralytique, elle la fit venir de Chelles et la garda près d'elle, à Notre-Dame des Prés, jusqu'à sa mort qui arriva le 6 mai 1708.

---

(1) Voir aux *Pièces justificatives*, n° IV. — La *Gallia christiana* dit encore, à propos de cette maison, que le couvent « *pro qua (domo) jure morticinii donata 12 mai 1698, apocham accepit.* »

(2) L'abbaye de Chelles, *Calense monasterium*, au diocèse de Paris, à 5 lieues est de cette ville, sur la rivière de Marne, avait été fondée par sainte Bathilde vers 660, autour d'une chapelle dédiée à saint Georges, que la reine sainte Clotilde avait fait construire. Les religieuses portèrent l'habit blanc jusqu'en 1614 qu'elles prirent le vêtement noir.

VII

Mme Anne de Scorailles de Roussilhe

(10 novembre 1708-1739)

qui succédait de droit à la prieure défunte ne prit possession officielle de sa charge que le 10 novembre suivant (1708).

De noble race, comme Mme de Coucy, la nouvelle titulaire était issue d'une maison originaire d'Auvergne qui tirait son nom du château de Scorailles ou d'Escorailles, à cinq lieues d'Aurillac, et qui avait formé plus tard les seigneurs de Roussilhe, en Limousin.

Elle avait eu une sœur, religieuse comme elle, Catherine de Scorailles de Roussilhe, d'abord professe de l'abbaye de Faremoutiers (1), puis abbesse de Chelles, de 1680, c'est-à-dire depuis la démission de Mme Guidone-Marguerite de Cossé-Brissac (2), jusqu'à sa mort, le 6 avril 1688.

---

(1) L'abbaye de *Faremoutiers* ou d'*Ébreuil,* ou encore de *Briges,* au diocèse de Meaux, sur la rivière du Petit-Morin, fut bâtie par sainte Fare, sœur de saint Faron, évêque de Meaux en 617 ou 670. Les religieuses y suivirent d'abord la règle de saint Colomban ou de Luxeuil; elles passèrent plus tard sous la règle de saint Benoît.

(2) *Gallia christiana,* t. VII, c. 572. — Guidone-Marguerite de Cossé-Brissac, fille de François de Cossé, duc de Brissac, pair de France, collier des Ordres du roi, grand panetier de France, et de Guidone-Ruellan, reçut le voile à quinze ans,

Formée à l'école de cette aînée dont l'histoire a gardé un des plus doux souvenirs, puisqu'il a été dit d'elle qu'elle gouverna son abbaye *cum mansuetudine et effusissima in pauperes caritate*, Mme Anne dut acquérir et continuer les vertus qui caractérisaient si bien Mme Catherine.

De fait, elle se fit remarquer dans le gouvernement du Prieuré d'abord en payant toutes les dettes de la communauté. De plus, afin de se ménager pour le temps favorable le moyen de bâtir une église et des lieux réguliers plus étendus, Mme Anne de Scorailles de Roussilhe acheta, dès les premiers temps de son arrivée à Notre-Dame des Prés et avant même la mort de Mme de Coucy, une maison voisine de la sienne. Je dis qu'elle l'acheta; pour être dans l'exacte vérité, je devrais dire qu'elle la fit acheter, car ladite acquisition fut faite au nom d'un tiers nommé Louis Robert Carnot; ce qui n'empêcha pas, après que celui-ci eût déclaré son nom, les administrateurs du temporel de l'abbaye Saint-Germain des Prés (1) de la ville de Paris, d'autoriser

---

à l'abbaye de Chelles, le 11 juillet 1651; elle prononça ses vœux en 1653, devint abbesse de Chelles, une première fois de septembre 1671 à 1680, et une deuxième fois de 1688 à sa mort le 13 juillet 1707.

(1) L'abbaye Saint-Germain des Prés, primitivement de *Sainte-Croix* et de *Saint-Vincent*, fut bâtie, vers 550, à la prière de saint Germain, évêque de Paris, par Childebert I, roi de Paris, troisième fils de Clovis, pour recevoir les reliques dont on avait fait présent à ce prince au siège de Sarragosse. L'évêque fit venir des religieux de Saint-Symphorien

les religieuses, le 7 février 1708, à prendre possession de cette maison.

La sagesse de Mme de Scorailles se manifesta encore dans la direction qu'elle sut donner à ses filles et dans l'esprit religieux qu'elle leur communiqua. Nul ne saurait en douter, car voici le témoignage que rendait à ces dames, en 1724, l'historien de la ville de Paris : « Les religieuses, dit-il, sont considérées et estimées par leur piété et leur conduite régulière qui leur attire l'estime de tout le monde. »

Sauval ajoute que l'on solennisait alors en cette église, le quatrième janvier, la fête de saint Roger de Loroy et que l'on exposait ses reliques.

C'était celles du bienheureux Roger, anglais de nation, qui vint en France dans la première moitié du XIIe siècle, se fit religieux à l'abbaye cistercienne de Lorroi (1), au diocèse de Bourges, fut ensuite le premier abbé d'un monastère du même ordre (1148), fondé au diocèse de Reims, à quelques lieues de

---

d'Autun, qui suivaient alors la règle de saint Antoine et de saint Basile, mais qui embrassèrent peu après celle de saint Benoît. En 754, l'église et le monastère prirent le nom de Saint-Germain. Ils furent reconstruits par le roi Robert au Xe siècle. Les religieux acceptèrent la réforme de la Congrégation de Saint-Maur en 1631. La tour actuelle du clocher est le seul reste des édifices de Childebert.

(1) L'abbaye de Lorroi, *Locus regius,* fut fondée en 1125 par Vulgrin, archevêque de Bourges, qui donna aux moines de *La Cour-Dieu* le lieu où l'abbaye a été bâtie. Les seigneurs de Sully en ont été les principaux bienfaiteurs.

Mouzon, près Sedan, et nommé Notre-Dame d'Elan (1) où il mourut le 4 janvier 1175.

Les religieuses avaient donc apporté ces reliques de Mouzon lorsqu'elles étaient venues s'installer à Paris : nous le constatons. Mais ce qu'il importe surtout d'observer c'est qu'elles avaient apporté avec elles, en même temps, et gardé à Paris, l'esprit de réforme que la rude main de Le Tellier leur avait imposée. La conduite prudente de Mme de Scorailles ne contribuait pas peu, sans doute, à la maintenir ; il n'en est pas moins vrai que si les religieuses de Notre-Dame-des-Prés et leurs amis du monde et de l'Eglise, en raison de cette régularité, formaient dès lors, pour l'avenir du couvent, de douces espérances, tout l'honneur en revenait à l'archevêque réformateur.

Malheureusement, les projets les plus beaux devaient être inutiles encore une fois. En 1725, les religieuses n'étaient plus qu'au nombre de dix ; peu après même, bien qu'en l'année 1726, le Prieuré rapportât encore 4.000 livres (2), un concours de circonstances fâcheuses ayant diminué par degrés

---

(1) L'abbaye d'Élan, dans l'ancien duché de Rethelois, fut fondée par Witer, comte de Rethel, et augmentée par Hugues IV, comte de Rethel, en 1220. — (Voir un article hagiographique sur le bienheureux Roger dans le *Bulletin du diocèse de Reims*, 1re année, n° 28, 11 janvier 1868.)

(2) Dom Bulteau : *Recueil des Abbayes et Prieurés de France ;* Paris, in-4°, t. 1 : « Table des abbayes et prieurés de filles », p. 45. — L'auteur a qualifié à tort de *Cisterciennes* les religieuses *Bénédictines* de Notre-Dame des Prés.

les revenus de la maison, les pauvres filles se virent perdues de dettes, hors d'état de subvenir à leurs dépenses les plus urgentes et de satisfaire aux engagements divers qu'elles avaient contractés.

Dans cette extrémité, s'il faut en croire un historien non exempt de partialité, pour amortir leurs dettes et pouvoir vivre convenablement, les religieuses de Notre-Dame des Prés « demandèrent à « M. d'Argenson, lieutenant de police, grand pro-« tecteur des couvents de religieuses, la permission « d'établir une loterie dont les produits devaient « être employés à payer leurs créanciers : pour faire « réussir cette demande elles employèrent une dame « Husson, pensionnaire de la communauté et qui « avait été... l'entremetteuse de ce magistrat, et lui « promirent une gratification de 15 à 20.000 livres « si elle réussissait; mais d'Argenson, (las) de cette « femme, refusa aux religieuses de Notre-Dame-des-« Prés une faveur qu'il avait accordée à plusieurs « autres (1). » Il fallut bien se résigner.

En 1739, les religieuses qui existaient encore au nombre de neuf furent transférées en divers monastères et la prieure, de son côté, se retira au Prieuré du Val d'Osne, à Charenton (2).

---

(1) Dulaure : *Histoire de Paris,* édit. Lequadier, 1855, grand in-8°, t. III, p. 367.

(2) Le Prieuré des religieuses bénédictines de Notre-Dame et Saint-Robert du Val d'Osne, consacrées, comme les filles du Saint-Sacrement de la rue Cassette, au culte perpétuel de l'Eucharistie, avait été fondé en 1126 par Geoffroy, sire de

Le décret de suppression de l'archevêque de Paris, Guillaume de Vintimille de Marseille du Luc (1), confirmé par Lettres patentes du roi, fut publié le 18 avril 1741 : En conséquence, la nuit du 30 au 31 août suivant, on exhuma les corps qui étaient enterrés dans la maison ; ils furent transportés dans l'église paroissiale Saint-Sulpice et inhumés dans un caveau de la croisée méridionale (2).

Ainsi finit le Prieuré bénédictin de Notre-Dame des Prés !

Joinville, et établi au Val d'Osne, diocèse de Châlons-sur-Marne, sous la filiation de l'abbaye de Molesme. Il fut transféré à Charenton, à la fin du xviie siècle, d'après l'avis du cardinal Louis-Antoine de Noailles, archevêque de Paris (1695-1729), auparavant évêque de Châlons (1680-1695), à l'endroit où était précédemment le temple protestant de Charenton. La première messe fut célébrée dans la chapelle, le jour de l'Ascension, 9 mai 1701. — Un « bail fait par les religieuses du Val d'Osne à Charenton, le 17 novembre 1784, à Ponce Godfrin, laboureur à Warniforêt, paroisse de la Besace (Ardennes), de cinq pièces de terre au terroir desdits lieux, moyennant 42 livres par an », se trouve aux *Archives des Ardennes*, série H, n° 509.

(1) Guillaume de Vintimille de Marseille du Luc, dont la famille tirait son nom d'un comté situé dans l'État de Gênes, appartenait à la branche des Vintimille, comtes de Marseille du Luc. Son père était maréchal de camp et sa mère une Forbin de la Marche. Ce fut un homme de vertu et d'esprit. Il fut archevêque d'Aix avant de monter sur le siège de Paris, qu'il occupa de 1729 jusqu'à sa mort en 1746 ; il avait quatre-vingt-dix ans !

(2) J.-B. de Saint-Victor : *Tableau historique et pittoresque de Paris*, t. IX, 1re part., p. 265-267. — Voir aussi Lebœuf : *Histoire de Paris*, édit. Cocheris, 1867, t. III, p. 27.

En 1776 et 1777, le chanoine rémois Bauny, auteur d'un remarquable *Pouillé* du diocèse rapportait que le Bénéfice simple qu'il appelait « Notre-Dame de « Mouzon, prieuré autrefois dénommé : Notre-Dame « de Sainte-Marie sur-Mouzon, possédé par les dames « religieuses de Notre-Dame de Sainte-Marie ou de « Prez, à Paris, (était) estimé (encore) 1.500 livres, « et taxé (en cour de Rome) 133 livres 2 sols (1). » Evidemment, Bauny en écrivant ces lignes ne savait pas que les religieuses de Notre-Dame des Prés, à Paris, n'existaient plus ; mais il ressort de sa notice que les biens de l'ancien Prieuré, situés dans les Ardennes, n'avaient pas été aliénés, qu'ils formaient encore un fonds, et que le « Bénéfice » revenant d'eux, était attribué à quelque titulaire, peut-être de Louvergny, peut-être de Saint-Pierre-lès-Dames, à Reims.

Quant à la maison conventuelle de Mouzon, nul doute qu'elle ait reçu, dès le départ des religieuses, une fin nouvelle : en 1783, et jusqu'à la Révolution, elle était l'Hôtel-Dieu de la Ville (2).

NOTA. — Il est tout à fait inutile d'ajouter que cette *Esquisse du Prieuré* de Notre-Dame des Prés,

---

(1) Varin : *Archives administratives de la ville de Reims*, t. II, in-4°, p. 1088.
(2) Dom Lelong : *Op. cit.*, p. 341.

n'a rien du tout de commun avec le roman de M*me* Eudoxie Dupuis, paru, il y a quelques années, sous le titre de *Notre-Dame des Prés*, 1 vol. in-12, Paris, Didier, 1879; et que le *Prieuré Notre-Dame des Prés* de l'ordre de Saint-Benoît n'a pas de rapport non plus avec l'*Abbaye* cistercienne de filles, *Notre-Dame des Prés* (B. M. DE PRATIS), fondée au commencement du XIIIe siècle, sous la direction de l'abbé de Vaucelles, et située d'abord dans un faubourg de Douai (Nord), puis dans cette ville même.

PIÈCES JUSTIFICATIVES

I

(15 novembre 1671)

« Charles-Maurice Le Tellier, par la grâce de Dieu archevesque duc de Reims, premier pair de France, légat né du Saint-Siege apostolique, etc... à nos cheres filles en Notre-Seigneur, la supérieure et les religieuses du monastère de Sainte-Marie de Mouzon, salut et benediction.

« Ce qu'on nous a rapporté de l'estat de votre maison et les plaintes même qu'on nous a fait de vostre conduite nous ont obligés denvoyer à Mouzon le P. Gabriel de Boissy, prestre, chanoine régulier de Saint-Augustin, prieur de l'abbaye de Saint-Martin d'Espernay, pour faire la visite régulière de vostre monastère ; nous luy avons, pour cet effet, delivré nostre commission le second jour de ce mois en vertu de laquelle sestant transporté sur les lieux il a procédé a la visite que nous lui avions ordonnée et en a dressé un procès-verbal qu'il nous a rapporté; comme nous avons connu par la lecture que nous en avons faite que vostre monastère a souffert dans sa regularité, et qu'il etoit besoin d'y pourvoir pour le retablir et le conserver dans une plus exacte discipline, nous avions jugé à propos de faire quelques réglements que nous voulons estre observez de point en point dans vostre monastère jusqu'à ce qu'ayant pris par nous mêmes une connaissance plus exacte de l'estat de vostre maison nous puissions plus seurement pourvoir a tous vos besoins; apres donc le tout meurement considéré, nous avons statué et ordonné, statuons et ordonnons :

« Premièrement que pour prevenir toute occasion qui pourrait rompre la closture de vostre monastère, la porte par laquelle on entre du chœur des religieuses dans léglise sera entierement condamnée et bouchée, et en son lieu sera fait un tour pour passer les ornements d'église, et joignant ledit tour sera pratiqué un confessionnal dont la petite grille pour entendre les confessions soit de fer qui se fermera en dedans par un volet de bois ; pareillement que la porte du préau qui rend sur la rue sera murée, comme aussy que la porte de bois qui est a la gallerie sur la rue sera condamnée et barrée sans qu'on la puisse plus ouvrir, et enfin que la porte qui a esté ouverte depuis peu dans le gros mur de la chambre de la supérieure pour descendre sur la plateforme devant l'église sera incessamment remurée.

« II. — Que le grand parloir au bout de l'antichambre de la supérieure et le petit parloir joignant seront reformez, cest a scavoir que les grilles seront de fer et dans la même proportion que les grilles du parloir d'en bas qui sert aux religieuses.

« III. — Que toutes les fenetres du monastère qui sont sur la rue seront grillées.

« IV. — Que la supérieure ny aucune des religieuses ne pourra sortir hors de la closture sous quelque pretexte que ce soit sans nostre permission par escrit ou celle de nos grands vicaires, aussy par escrit.

« V. — Qu'aucune personne du dehors ne pourra estre introduite dans ledit monastère sans la même permission par escrit, excepté celles qui seront obligées d'y entrer pour les nécessités de la maison comme sont les medecins, chirurgiens et autres semblables, qui seront reglées par le sieur Bida curé de Chemery et doyen de Mouzon ; et lorsque lesdites personnes se présenteront pour entrer, deux des plus anciennes religieuses qui seront nommées par ledit sieur doyen les recevront à la porte, les accompagneront partout où ils iront et enfin les ramèneront à la même porte pour sortir et sortiront toujours une demi-heure avant le soleil couché.

« VI. — Que les religieuses se comporteront au parloir avec la retenue et la modestie religieuses évitant toute action seculiere et moins edifiante, abregeant les entretiens ; et que tous les parloirs même celui de la supérieure, seront fermez une demi-heure avant le soleil couché.

« VII. — Que dans le réfectoire les religieuses ny seront point servies par une seculière mais quelles y serviront l'une après lautre ainsy qu'il se pratique dans toutes les maisons religieuses.

« VIII. — Que l'église du dehors sera parée et servie par une personne séculière qui sera commise par la supérieure, et cette même personne fermera la porte de l'église et la porte de devant.

« IX. — Que la grille de l'église sera toujours fermée pendant le service divin, qu'elle sera seulement ouverte depuis le commencement du canon de la messe et fermée après l'élévation.

« X. — Que la supérieure et les religieuses assisteront au service divin avec modestie et silence et qu'il sera sonné et célébré tous les jours exactement en même temps.

« XI. — Qu'aucun séculier ny régulier ne pourra coucher dans la chambre qu'on appelle *la Chambre des hostes*.

« XII. — Que les clés de la porte de la closture ne soient plus entre les mains d'une seculière, mais qu'à la porte susdite il y ait au dedans deux serrures et deux cles, en sorte que sans l'une des deux on ne puisse ouvrir : ce qui sera observé pour les parloirs dont chacun aura pareillement deux serrures et deux cles, qui seront pendant le jour entre les mains des deux religieuses portieres et qu'incontinent apres lheure que nous avons prescritte pour fermer les parloirs et les portes lune desdites cles sera remise entre les mains de la supérieure et lautre demeurera a lancienne des deux portières.

« XIII. — Quil y ait deux serrures en dedans a la porte par laquelle on entre sur la gallerie pour aller au jardin ; que lune des cles soit gardée par la plus ancienne des deux portières et qu'à la fin de la récréation toutes les religieuses sortant ensemble du jardin ladite porte soit refermée par les deux cles et qu'elle ne soit point ouverte pour permettre a aucune religieuse daller au jardin pendant (*sic*) (1) le temps de la récréation si deux anciennes ne laccompagnent.

« XIV. — Quil ny aura quun confesseur ordinaire de la maison.

« XV. — Que la sœur procureuse ou depositaire aura connoissance du detail de la recepte de tout le revenu temporel et de la depense de ladite maison dont il sera dressé un estat bien exact pour nous estre représenté toutes les fois que nous l'ordonnerons.

« XVI. — Que la supérieure ne pourra faire aucun bastiment nouveau ou rien innover dans les anciens que par nostre permission ou celle de lun de nos grands vicaires.

« XVII. — Que la sœur Dolu, sœur de la supérieure et la sœur de Nantouillet nous rapporteront ou à nos grands vicaires dans trois mois du jour de la signification de nostre présente ordonnance la permission de

---

(1) Pour *en dehors du ?*

leurs supérieurs en vertu de laquelle elles prétendent demeurer hors de leur maison de profession, que cependant elles assisteront à l'office divin et s'acquitteront de toutes les observances comme si elles étoient professes de la maison, en sorte que toute la communauté en soit édifiée et qu'elles payeront une pension dont elles tireront quittance signée de la supérieure et de la dépositaire.

« Et afin que nostre présente ordonnance soit ponctuellement exécutée, nous avons nommé et nommons par ces présentes ledit sieur Bida doyen de Mouzon auquel nous avons donné commission et mandement spécial de signifier tant à la supérieure qu'à toute la communauté de Sainte-Marie de Mouzon tout le contenu cy dessus, leur enjoindre dy obeir, de tenir la main à son entière exécution et de nous avertir ou nos grands vicaires des contraventions qui y pourroient estre faites.

« Donné à Reims en nostre palais archiepiscopal le quinzième novembre 1671. »

(*Bibl. nation.*, fo. fr. 20717, f. 3 à 7.)
Manuscrit inédit.

II

(30 Juillet 1673)

« Charles Maurice Le Tellier, par la grâce de Dieu archeveque duc de Reims, premier pair de France, etc... a nos tres cheres filles en Jesus-Christ la prieure et les religieuses du monastère de Sainte-Marie en la ville de Mouzon, de l'Ordre de Saint-Benoît.

« Le soin des vierges consacrées à Dieu dans l'état monastique nous estant tres expressement recommandé par les Saints Canons comme lun des plus importants de nostre charge pastorale, nous avons cru nous devoir dautant plus appliquer à tout ce qui pouvoit contribuer a vostre bon reglement que la faiblesse de vostre établissement au milieu d'une ville frontière pendant le malheur de la guerre et la longue vacance de nostre siege archiepiscopal sembloit avoir souffert de plus grands dommages et au spirituel et au temporel que les autres monastères que Dieu a soumis a nostre conduite ; c'est pourquoi dès nostre avenement a nostre dit siege archiepiscopal ensuitte de la visite faite par nos ordres dans vostre dit monastère, nous vous aurions envoyé une première ordonnance en date du 15 novembre 1671 pour y establir la discipline reguliere et la sainteté de vostre profession ; mais ayant appris, non sans deplaisir l'inexecution de nostre dite ordonnance, et ne voulant rien épargner de ce qui peut dépendre de nous pour vous faire vivre selon la promesse que vous avez faite à Dieu, nous avons bien voulu nous transporter expres dans ladite ville de Mouzon et visiter par nous-même vostre dit monastère, ainsi que nous avons fait les 27, 28 et 29 de ce present mois. Et après que nous avons pris une spéciale et entière connaissance par le scrutin, de tous les manquemens de vostre dit monastère, et que nous en avons vu et visité tous les lieux, nous avons résolu de vous donner le présent règlement ; nous avons donc ordonné et statué, statuons et ordonnons :

« Premièrement que vous observerez très-exactement la règle de saint Benoît avec les usages et constitutions que les archevêques nos prédécesseurs ont de tout temps approuvés pour les autres religieuses de notre diocèse vivant dans le même Ordre, et que conformément à l'esprit de ladite règle, vous pratiquerez le silence, la rettraitte, le travail en commun, l'oraison, la pauvreté, l'obéissance, et les autres vertus chrétiennes et que vous vivrez dans l'union, la paix et la charité comme il appartient à de véritables religieuses ; et pour la maintenir et entretenement du présent article, nous avons nommé sœur Charlotte Desmangin dite de sainte Methilde que nous avons confirmée et même autant que besoin est establie de nouveau en la charge ou office de soû prieure de votre dit monastère, sans qu'il soit permis cy apres a la prieure de len déposer si ce n'est de notre ordre et consentement exprès, et icelle avons chargée de toute la régularité de l'observation de nos ordonnances et de toute la conduite spirituelle de votre dit monastère dont nous avons absous et dechargé ladite prieure, et nous avons enjoint de déférer et obéir en toutes choses à ladite sous prieure et elle de nous rendre compte cy apres de tous les defauts et manquemens qui pourraient arriver.

« II. — Que la closture de votre dit monastère sera inviolable sans qu'il soit permis ny a la prieure ny a aucune des autres religieuses ou servantes retirées au dedans de sortir de ladite closture ny de donner entrée aux personnes du dehors de lun et lautre sexe de quelque qualité quelles soient excepté celles qui se trouveront dans le cas de l'exception selon les saints canons de l'Église sous quelque cause ou pretexte que ce puisse être, ce que nous défendons tres etroitement par tout le pouvoir que Dieu nous a donné : Soûmettans tous contrevenants et contrevenantes a ses plus terribles jugemens et a la malediction eternelle. Et apres que nous avons reformé et fait remettre en meilleur estat les parloirs, les grilles, les portes, les murailles, les tours, et tout ce qui concerne ladite closture pour prevenir et empescher les dereglemens que nous avons connu estre arrivez par faute d'observer le present article nous avons choisy et nommé pour portières et tourrières de votre dit monastère sœur Alexis Richard dite du Saint-Sacrement et sœur Louise Dubois dite de Sainte-Schoslastique auxquelles nous avons enjoint de s'acquitter bien et deuement de leurs charges, gardant chacune une des deux clés qui seront nécessaires pour ouvrir chaque porte tenans les parloirs fermez les jours de fetes et de dimanches, les ouvrant et fermant les autres jours aux heures et en la manière prescrittes par lesdites constitutions, recevant seules tout ce qui sera apporté du dehors pour en rendre compte à ladite Desmangin soûprieure, et ne faisant rien sortir que par son ordre, tenant aussy toutes les portes fermées, les visitant tous les jours soir et matin, et ne les ouvrant que dans la nécessité, ainsy qu'il est prescrit par lesdites constitutions, en la compagnie de la soûprieure et des deuxdites tourrières ensemble ; et afin que dorenavant louverture des portes puisse être moins fréquente, nous ordonnons que les servantes qui serviront au dedans n'y entreront que par lavis et consentement de ladite sœur Desmangin soûprieure et pour nen plus sortir, et quelles nen pourront plus sortir si ce nest pour ny plus revenir et quil y aura au dehors une sœur tourrière qui ne pourra point entrer au dedans mais seulement servira pour tout ce qui est nécessaire au dehors.

« III. — Que pour exterminer toute propriété qui est la ruine des maisons religieuses, pourvoir aux besoins et necessitez de vostre dit monastère, conserver ses bastimens et revenus et retablir le bon usage du bien temporel, toutes les religieuses, même la prieure se déporteront de rien posséder en leur particulier, leur enjoignant en vertu de l'obeissance qu'elles nous doivent, et pour accomplir le saint vœu de pauvreté qu'elles ont fait à Dieu, de remettre incessamment en commun, après la publication de notre présente Ordonnance entre les mains des dépositaires ou procureuses tout le peculium qu'elles peuvent avoir sans rien sen reserver. Et pour l'execution du present article nous avons nommé et estably pour dépositaires et procureuses de vostre dit monastère ladite sœur Desmangin de Sainte-Methilde, soû-prieure et sœur Jeanne de Villiers, dite de Sainte-

Agnès. Et nous avons ordonné qu'elles gouverneront et administreront tout le temporel de votre dit monastère selon les regles de leurs charges sans que la prieure puisse les en empêcher en rendant compte tous les mois des mises et receptes devant ladite prieure, la soû-prieure et les autres officières, qu'elles auront pour ces offices registre bien exact de toute la recette et depense pour nous estre representé toutes les fois que nous l'ordonnerons ; qu'elles recevront tous les revenus de quelque nature qu'ils soient, feront les baux à ferme de tous les biens de la maison, donneront ensemble les quittances, payeront les debtes, repareront les bastimens, fourniront charitablement aux necessitez desdites religieuses tant pour le vivre que pour le vestir, et qu'en conséquence tout largent, provisions et meubles seront des a présent laissez a la disposition desdites deux officières et les papiers mis en leurs mains pour apres en avoir fait inventaire estre serrez dans un lieu public fermant à cles. Nous avons pareillement ordonné qu'en toutes affaires qui pourroient survenir sera tenu chapitre ou assemblée, en laquelle se trouveront lesdites prieure, soû-prieure et officières, et que rien ne sera conclu que par la pluralité de leurs suffrages ou de leur consentement unanime.

« IV. — Que le service divin sera célébré aux heures prescrites avec la décence la pieté et la dévotion requises, et pour ce sujet nous avons ordonné que la grille du chœur sera continuellement voilée et fermée si ce n'est au temps qu'il est prescrit par lesdites constitutions; qu'on ne souffrira aucun chien dans le chœur et qu'on ne parlera point à la grille du chœur ny au confessionnal pendant la messe et l'office divin, et que tous ceux qui voudroient y parler même hors de loffice divin seront renvoyez aux parloirs publics de votre dit monastère ; que pour éviter toute confusion dans le chant et dans les cérémonies, la sacristine de l'avis de ladite soûprieure aura soin de marquer et de faire prévoir par les sœurs ce qui doit estre chanté avant que dentrer au chœur, dans laquelle charge de sacristine nous avons confirmé et en tant que besoin est de nouveau estably sœur Elysabeth Gillat dite de Sainte-Thérèse, à laquelle nous avons donné un mémoire ou inventaire de tout ce qui s'est trouvé dans la sacristie en meubles, ornemens et argenteries que nous avons signé de notre main et fait signer tant par ladite prieure que par les autres dessousdites officieres, luy enjoignant de veiller à la garde fidelle et exacte desdits meubles ornemens et argenteries pour nous estre representees toutes fois et quantes; et tant qua ladite prieure, soûprieure et officieres de ne permettre pas que rien en soit distrait pour quelque cause que ce soit. Que la petite porte pour passer du chœur des religieuses à l'autel sera fermée de deux cles dont lune sera gardée par ladite soûprieure et lautre par ladite sacristine et qu'elle ne pourra estre ouverte que ladite soûprieure ou lune des tourrières ny soit presente avec ladite sacristine, et quen cas que ladite sacristine doive passer audit autel, elle ne le pourra que la grande porte de l'église ne soit fermée a cles, et que ladite grand porte ne pourra estre ouverte en quelque temps que ce soit que par la tourriere du dehors, qui layant fermée le soir en passera la clef par le tour pour estre gardée au dedans avec toutes les autres cles de la maison par ladite sœur Desmangin soûprieure, desquelles cles nous l'avons rendue réponsable.

« V. — Que pour subvenir à la nourriture honneste et suffisante des religieuses et empescher toutes les plaintes, murmures qui ont esté jusquà present à cause du mauvais traittement qu'on leur a fait, sœur Anne de Saint-Géry, dite de Sainte-Gertrude fera l'office de dépensière, à laquelle nous ordonnons de s'en acquitter charitablement et de fournir à tous les sœurs également et sans aucune distinction leur suffisance au boire et au manger selon que les facultez dudit monastère le pourront permettre, pris avis desdites depositaires, et suivant quil sera reglé par ladite soùprieure : enjoignons à toutes les religieuses, même à ladite prieure de se trouver tous les jours au refectoire à la table commune pendant laquelle sera faite lecture et le silence étroitement gardé, et leur defendons d'user de vivre particulier ny de faire achèter quoy que ce soit pour estre mangé ny dedans ny hors le refectoire, mais de se contenter du vivre commun qui sera distribué comme dit est, sans aucun égard ny acception des personnes par portions égales, même pain, même vin, même viande ; que l'abstinence sera exactement gardée les lundys et mercredys, ainsy qu'il a été de tout temps pratiqué dans votre dit monastère, et enfin qu'il ne sera plus fait aucune mention de chambre d'hostes ny de collation, bien moins de dinez et soupez dans les parloirs ce que nous défendons tres expressement.

« VI. — Que les sœurs qui seront malades ou infirmes seront traitées par ordre de ladite soûprieure dans la chambre de l'infirmerie selon que la charité chretienne et la pauvreté religieuse le pourront permettre et seront aidées par les medecins, visitées par les sœurs et disposées au dernier passage par le confesseur, selon qu'il est prescrit par lesdites constitutions. Pour ce sujet nous avons proposé à l'infirmerie sœur Jeanne Rainssant, dite de Saint-Joseph et luy avons donné pour adjointe à cause de son grand aage la susdite sœur Gillat de Sainte-Thérèse, et avons ordonné que la chambre qui avoit esté mise au dehors pour coucher les hostes sera mise au dedans et servira doresnavant à ladite infirmerie, et que lorsquil ny aura point de malades elle servira à l'ouvroir commun de toutes les sœurs et en hyver au chauffoir.

« VII. — Que toutes les religieuses iront à confesse à un même confesseur approuvé de nous et qu'en cas d'absence ou de maladie elles se pourront confesser au prieur des Bénédictins de l'Abbaye ou au gardien des Capucins de Mouzon, auxquels en ce cas conjointement ou à lun deux et lors de chacun des Quatre-Temps de l'année comme a leurs confesseurs extraordinaires, nous avons donné pouvoir de les absoudre.

« VIII. — Qu'il sera pourvu au plus tôt par le soin de ladite soûprieure et des officières d'un chapelain ordinaire qui puisse celebrer la messe chacun jour a meme heure dans la chapelle dudit monastère et acquitter les fondations à laquelle toutes lesdites religieuses seront obligées de se trouver conventuellement en même habit et de communier selon la règle et selon les avis de leur confesseur ou superieur.

« IX. — Et afin que toutes les choses cy dessus écrites soient inviolablement observées, et que vous puissiez dans les difficultez qui pourroient survenir recevoir la prompte assistance que notre éloignement ne nous permet pas de vous donner par nous-même, nous avons commis et commettons M⁰ Paul Bida, pretre, curé de Chemery et doyen de Mouzon, auquel nous avons donné notre pouvoir en cette part, vous enjoignans de vous adresser directement à luy et de le reconnaître pour votre supérieur soubz notre authorité jusqu'à ce que nous en ayons autrement ordonné.

« X. — Et quoy que nous confians sur les divines misericordes et sur la fidélité que vous aurez à la pratique des choses que nous vous prescrivons, nous espérions de voir en bref le retablissement de la discipline régulière dans vostre dit monastère, nous sommes néantmoins obligez jusqu'à ce qu'il ait plu à Dieu de verser sur vous cette benediction de vous défendre comme nous vous defendons de recevoir à l'habit et au noviciat aucune fille postulante, ny a la profession aucune novice déclarant nulle dès a present toute vesture ou profession qui pourroit estre faite au mépris de notre présente ordonnance à moins qu'il n'y ait été par nous autrement pourveu.

« Et parce que nous avons trouvé que sœur Marguerite Dolu, religieuse benedictine professe de l'Abbaye de Saint-Remy, diocèse de Soissons et sœur Catherine de Nantouillet, religieuse bernardine professe de l'Abbaye-aux-Bois présentement establie à Paris, ont été introduites dans votre monastère sans aucune permission de nous ny de nos vicaires généraux, pour ce et avec bonnes considérations nous leur avons ordonné et ordonnons de se retirer incessamment et dans le temps du mois d'Aoust prochain pour tout delay dans leurs maisons de profession. Enjoignons à ladite prieure, soûprieure et autres officieres de leur ouvrir la porte pour se retirer et meme de ne les plus souffrir dans votre monastère après ledit temps écoulé soubz peine de désobéissance.

« Sera notre présente ordonnance registrée dans le livre des registres et permis a chacune des sœurs d'en prendre une copie.

« Donné à Mouzon dans le cours de notre visite, le trentième du mois de juillet mil six cens soixante-treize.

(Bibl. nation. fo. fr. 20717, f. 7 à 15.)
Manuscrit inédit.

III

(2 Février 1675)

« Charles Maurice Le Tellier, par la grâce de Dieu archevesque duc de Reims, premier pair de France, légat né du Saint Siége apostolique... a notre tres chere fille en Notre Seigneur, sœur Christine Lenet, prieure du Prieuré de Notre Dame de Mouzon en notre diocèze salut et benediction.

« Nous avons reçu la requeste qui nous a été présentée de votre part contenant que dès l'année 1638 le feu roy auroit accordé par ses Lettres patentes en date du mois de Mars de la même année à la prieure dudit Mouzon qui étoit pour lors de pouvoir transférer son monastère à Piquepusse près Paris avec les permissions des Ordinaires des lieux pour les raisons pour lesquelles les Saints Canons et Ordonnances non seulement permettent mais ordonnent lesdites translations qui sont l'incursion fréquente des gens de guerre, et le danger auquel sont exposées les religieuses dans ces occasions, lesquelles lettres furent enregistrées au Parlement dans la même année le 20º (1) jour de Juillet et exécutées par l'establissement desdites religieuses de Mouzon au faubourg Saint-Antoine de la ville de Paris. ce qui neut pourtant point de suitte parce que les dites religieuses voyant depuis la paix établie dans le royaume crurent pouvoir retourner en toute seurté à Mouzon; mais comme depuis ce temps là les guerres ont recommancé, ledit monastère a été d'autant plus exposé aux inconveniens dont on avoit prétendu le tirer par sa première translation que les fortifications de ladite ville de Mouzon ont été demolies par ordre du roy en l'année 1673. C'est ce qui vous a obligées a travailler plus fortement à trouver un establissement dans la ville de Paris suivant la permission qui vous a été accordée par lesdites lettres patentes afin de mettre votredit monastère en tel estat que vos religieuses y puissent vivre sous votre conduite en paix et dans une parfaite régularité, ce qui est impossible pendant que vous serez dans un danger continuel comme a été ledit monastère depuis plusieurs années et qu'il sera toujours à cause que ladite ville de Mouzon est située dans la frontière du royaume de la rivière de Meuse et sans aucunes fortifications

---

(1) Pour 28º.

comme nous l'avons reconnu dans la visite que nous avons faite de votre dit monastère les 28, 29 et 30 (1) du mois de juillet de l'année 1673, pour y retablir la discipline régulière et pourvoir à tous ses besoins qui nous parurent pour lors tres pressans.

« A ces causes, désirant autant qu'il est en nous vous favoriser dans votre dessein après que nous avons veu lesdites lettres patentes de Sa Majesté avec l'arrest d'enregistrement dicelles et le consentement donné par le sieur comte de Grandpré, fondateur dudit Prieuré de Sainte-Marie de Mouzon en date du 17 may 1674 nous vous avons permis et permettons par ces présentes de transferer votre dit monastère et les religieuses qui y sont dedans et y ont fait profession, en ladite ville de Paris, pour vous y establir et vivre conformément à votre regle et constitutions sous l'obéissance et juridiction de notre Ill^{me} et R^{me} confrère le seigneur archevesque de Paris après que vous aurez obtenu les lettres de permission et autres consentemens necessaires ; laquelle translation vous ne pourrez neantmoins exécuter qu'après que vous aurez trouvé une maison en la ville ou fauxbourg de Paris pour vous et vosdites religieuses, laquelle maison aura esté jugée en estat de vous recevoir toutes par ledit seigneur archevesque de Paris et soubz les clauses et conditions que les décimes ordinaires que paye votredit Prieuré dans notre diocèse de Reims y seront payés à l'ordinaire sans que vous puissiez en aucune manière vous en exempter, et que vous acquitterez dans le monastère que vous établirez dans ladite ville ou fauxbourg de Paris les fondations que vous devez à Mouzon comme aussy que vous ne pourrez disposer du lieu que vous occupiez audit Mouzon,

---

(1) Nota que, dans la pièce précédente, l'archevêque dit 27, 28 et 29.

et qui par conséquent étoit destiné à des usages saincts sans notre permission.

« Donné à Paris le deuxième Février mil six cens soixante quinze, soubz le sceau de nos armes et le seing de notre secretaire ordinaire.

(Bibl. nation., fo. fr. 20717, f. 16-18.)
Manuscrit inédit.

IV

(Juillet 1689)

« Louis, par la grâce de Dieu roi de France et de Navarre, à tous presens et à venir, salut.

« Nostre bien amée Claude Gabrielle Angélique de Coucy supérieure et les religieuses du couvent de Sainte-Marie, Ordre de Saint-Benoît, cy devant fondé et establi en nostre ville de Mouzon, nous ont fait remonstrer que s'estant refugiées en nostre bonne ville de Paris a cause des guerres, pendant que ladite ville estoit frontière, elles y auroient été establies du consentement de l'archevesque de Reims et de l'archevesque de Paris, et du sieur de Joyeuse leur fondateur, par lettres patentes du feu roi nostre tres honoré seigneur et père du mois de Mars MDCXXXVIII, registrées en nostre cour de parlement le XXVIII Juillet suivant; que la guerre estant finie, elles seroient retournées dans leur monastère; mais les fortifications de Mouzon ayant été démolies en MDCLXXIII, elles auroient de nouveau obtenu permission de nostre cousin l'archevesque de Reims leur diocézain, en datte du II Février MDCLXXIV et de nostre cousin l'archevesque de Paris du III Décembre MDCLXXV de s'establir en nostre dite ville de Paris; depuis lequel temps elles auroient travaillé à l'acquittement de quelques dettes et cherché une maison commode pour leur establissement, laquelle elles auroient acquise au fauxbourg Saint-Germain de nostre dite ville de Paris, rüe de Vaugirard, par contrat du XXVIII May de la présente année ; requerant qu'il nous plaise leur accorder nos lettres nécessaires pour leur establissement. A ces causes, voulant favorablement traiter les exposantes, de nostre grace spéciale, pleine puissance et authorité royale, en confirmant lesdittes lettres du mois de Mars MDCXXXVIII cy-attachées sous le contre scel de nostre chancelerie avec les consentements de nos dits cousins l'archevesque de Reims et l'archevesque de Paris, et le contrat d'acquisition de ladite maison, nous avons ausdites supérieure et religieuses dudit couvent de Sainte Marie, Ordre de Saint Benoist, cy devant establi à Mouzon, permis et permettons de s'establir et demeurer à l'avenir à perpétuité dans ladite maison par elle acquise a nostre dite ville de Paris pour y vivre suivant leur regle sous la juridiction de nostre dit cousin l'archevesque de Paris ; leur permettons a cet effet de faire construire et bastir des edifices necessaires pour leurs closture et exercices, sans qu'au moyen de ladite translation nous pretendions rien innover a la fondation de ladite maison en laquelle les patrons et fondateurs auront les mêmes pouvoir et droit qu'ils avoient audit Mouzon ; et pour contribuer en ce qui dépend de nous audit establissement, nous avons amorti et amortissons par ces dites presentes ladite maison, église, jardins et enclos, sans que lesdites supérieure et religieuses soient tenues de nous payer aucune finance ny indemnité, de laquelle, à quelque somme qu'elle puisse monter, nous leur avons fait don et remise, à la charge de payer les droits dont elles pourroient estre tenues envers nous. Si donnons en mandement à nos amez et feaux conseillers les gens tenant nos cours de parlement et chambre de comptes à Paris, que ces présentes ils ayent à faire registrer et du contenu en icelles faire joüir et user pleinement, paisiblement et perpetuellement, cessant et faisant cesser tous troubles et empêchemens : car tel est nostre plaisir. Et afin que ce soit chose ferme et stable à toujours, nous avons fait mettre nostre scel à ces dites présentes.

« Donné à Versailles au mois de Juillet l'an de grâce MDCLXXXIX, de nostre regne le XLVIIe.

(*Signé*) Louis.

« Registrées au 26e registre du greffe des gens de main-morte du dioceze de Paris, folio 3oo, à la requeste des-dites dames religieuses qui ont payé quarante sols pour lenregistrement, suivant lédit : Fait à Paris ce X Aoust MDCCI.

(*Signé*) Magny.

« Registrées en la chambre des comptes, ouy le procureur général du roy, information préalabblment faite sur la commodité ou incommodité dudit établissement par l'un des conseillers maîtres et ordinaires en ladite chambre à ce commis, pour jouir par les impétrantes de l'effet du contenu en icelles, à la charge d'indemniser, si fait n'a esté, les seigneurs particuliers en la censive desquels lesdits héritages et maisons amortis peuvent estre situés : Le XII Aoust MDCXCV.

(*Signé*) Richer.

« Registrées ouy le procureur général du roy pour joüir par les impétrantes de leur effet et contenu, et estre executées selon leur forme et teneur, suivant l'arrest de ce jour : A Paris, au Parlement le V Aoust MDCXCV.

(*Signé*) Dongois.
(*Visa*) Boucherat.

« Pour lettres portant establissement des religieuses de Sainte-Marie de Mouzon à Paris.

(*Signé*) Colbert.

(Dom Lobineau : *Histoire de la ville de Paris*, t. V, p. 851, in-folio, d'après une copie et sous ce titre : « *Lettres patentes du roy Louis XIV en faveur des religieuses de Notre-Dame des Prez.* »)

V

§ I. — **Prieures** du monastère :

1°

Mme Catherine de Joyeuse
de 1634 à 1653, date de sa mort ;

2°

Henriette de Joyeuse
de 1653 à 1654, date de sa mort ;

3°

Claude-Gabrielle-Angélique de Coucy de Mailly
de 1654 à 1668 ;

4°

Marie-Suzanne Dolu
de 1668 à 1674 ;

5°

Christine Lenet
de 1674 à 1678, date de sa mort ;

6°

Claude-Gabrielle-Angélique de Coucy de Mailly (1)
de 1678 au 6 mai 1708, date de sa mort ;

---

(1) Pour la deuxième fois.

7°
ANNE DE SCORAILLES DE ROUSSILHE
du 10 novembre 1708 à 1739

§ II. — **Sous-prieure** connue (30 juillet 1673) :

CHARLOTTE DESMANGIN, en religion, sœur Sainte-Mecthilde.

§ III. — **Officières** connues : (30 juillet 1673) :

ALEXIS RICHARD, en religion, sœur du (Tr.) Saint-Sacrement, et
LOUISE DUBOIS, en religion, sœur Sainte-Scholastique, portières et tourières ;
JEANNE DE VILLIERS, en religion, sœur Sainte-Agnès, dépositaire ou procureuse avec la sous-prieure ;
ÉLISABETH GILLAT, en religion, sœur Sainte-Thérèse, sacristine ;
ANNE DE SAINT-GÉRY, en religion, sœur Sainte-Gertrude, dépensière ;
JEANNE RAINSSANT, en religion, sœur Saint-Joseph, infirmière avec Elisabeth Gillat.

TABLE ALPHABÉTIQUE

DE NOMS

DE PERSONNES ET DE LIEUX

~~~~~~

A

	Pages.
Argenson (d'), lieutenant de police	44
Aspremont (Charles, comte d')	23, 28
— (Marie d')	28
Auchy (branche de la famille de Mailly)	25
Aurillac	40
Avranches (coadjuteur d')	16

B

Bac (rue du), à Paris	36
Bagneux (rue de), à Paris	38
Barbezières (M.)	27
Baslieu, près Reims	16
Bauny, chanoine de Reims	46
Beaumont en Argonne (ville de)	12, 23
Bida (Paul), curé de Chémery	33
Boissy (Gabriel de), pr. ch. rég. de Saint-Augustin	30
Boivin (Henri), évêque de Tarse	16
Bondernaut (Mme de Labadie de)	37
Bourges (diocèse de)	42
Brissac (Mme Guidone-Marguerite de Cossé-)	40
Bruxelles	27

C

	Pages.
Carnot (Louis-Robert)	41
Chalancey (baron de)	10
Champvallon (de), v. *Harlay*.	
Charenton (Prieuré du Val-d'Osne à)	44
Chemeraut (M.)	27
Chelles (Abbaye de)	39
— (Abbesse de)	39
Clausse (Henri), v. *Marchaumont*.	
Cossé (Mme de), v. *Brissac*.	
Coucy (Mme de Mailly, dite de), v. *Mailly*.	
— (Guillemette de)	24
Callot, graveur	26
Carignan, v. *Yvois*.	
Château-Thierry	26
Chemery (marquise de)	23
— (seigneur de)	24
— (curé de)	33
Croy (Isabelle-Claire-Eugénie de)	24

D

Damas (Jacques de)	10
Desmangin (sœur Charlotte), sous-prieure et dépositaire ou procureuse	32
Dolu (Marie-Suzanne), prieure	29
— (Marguerite), religieuse	29
Donchery	30
Dozet (Pierre), ch. et vic. général de Reims	15
Douai	47
Dubois (sœur Louise), portière et tourière	32

E

Epernay (abbaye Saint-Martin d')	30
Escorailles, v. *Scorailles*.	
Elan (abbaye d')	43
— (1er abbé d')	43
Espance (sire d')	19
Etampes (Leonor d'), v. *Valençay*.	

F

	Pages.
Faremoutiers (abbaye de).............................	40

G

Gifford (Guillaume), archev. de Reims...............	10, 13
Gillat (sœur Elisabeth), sacristine et infirmière..........	32
Girardin (M.)..	27
Gondi (Jean-François), archev. de Paris................	17
Gramont (Claude-Antoine de)........................	23
Grandpré (comte de).......................	12, 23, 34, 37
Ville de...	20
Guillelmites, v. *Saint-Guillaume*......................	13
Guise (duc de).......................................	

H

Harlay (François de), archev. de Paris.................	35
Husson (Mme), pensionnaire de N.-D. des Prés.........	44

I

Innocent X, pape....................................	19
— XI, —	37

J

Jean (comte de Rethel)...............................	19
Joyeuse (Antoine de)................................	9
— (Catherine de), prieure........................	10
— (Antoine-François de)....................	11, 22, 23
— (Marguerite de).........................	11, 20, 22
— (Henriette-Catherine, duchesse de)..............	13
— (Robert de)...................................	16
— (Henriette de), prieure........................	22
— (Charles-François de).........................	23

K

Kirkaldi (Marguerite de), abbesse de S. P. de R.........	12

L

Pages.

Labadie (de), v. *Bondernaut*.
La Fontaine (Jean de).................................... 26
Lenet (Christine), prieure.............................. 23
Lépine (branche de la famille de Mailly)................ 25
Loroy (abbaye de)....................................... 42
  — (moine de)... 42
Lorraine (Henri de)..................................... 13
  — (Françoise de).................................... 13
  — (Charles de)................................. 13, 28
Louis XIII, roi de France............................... 18
  — XIV,   —   23, 30, 37
Louvergny (Prieuré de)............ 18, 21, 23, 28, 29, 36, 46
Louvois (marquis de).................................... 31
Le Tellier (Charles-Maurice), archev. de Reims. 29, 30, 31, 35
Luc (Guill. de Vintimille de Marseille du), archev. de P. 45

M

Mailly (Claude-Gabrielle-Angélique de), prieure...... 23, 37
  — (Marie-Françoise de)........................ 23, 28
  — (Marie-Charlotte de)............................ 23
  — (Isabelle de)................................... 24
  — (Louis de)...................................... 24
  — (François, cardinal de)......................... 24
Malnoüe (abbaye de)..................................... 37
Marseille (Guillaume de Vintimille de), v. *Luc*.
Mézières.. 9
Montal (comte de)....................................... 26
Mont-Saint-Guillaume (Prieuré du)....................... 19
Mouzon (abbaye de)...................................... 19
  — (doyenné de).................................... 33
  — (Hôtel-Dieu de)................................. 46
  — (Ville de).................................. 30, 43

O

Osne (Val d'), prieuré.................................. 44

P

	Pages.
Picpus, à Paris	18
Prés (abbaye Saint-Germain-des-)	41
Prés (les), N.-D. à Louvergny	19

R

Rainssant (sœur Jeanne), infirmière	33
Réaux, v. *Tallemant*.	
Rethel (comte de)	19
Richard (sœur Alexis), portière et tourière	32
Rocroi	26
Roger de Loroi ou d'Elan (bienheureux)	42
Roussilhe (Anne de Scorailles de), prieure	40
— (Catherine de Scorailles de), abbesse	40, 41
— (seigneurs de)	40
Rugles (baron de)	9
Rumesnil (seigneurs de) branche de la famille de Mailly.	24

S

Saint-Antoine (faubourg), à Paris	18
— Germain (abbaye), v. *Prés*.	
— — (faubourg), à Paris	36, 38
— Géry (sœur Anne de), dépensière	33
— Guillaume (Religieux ermites de)	19
— Joseph (sœur), v. *Rainssant*.	
— Lambert (marquis de)	16
— Martin d'Epernay (abbaye de)	30
— — (prieur de)	30
— Pierre-les-Dames (abbaye de)	10
— — (abbesse de)	12, 13
— — (religieuse de)	10
— Sacrement (sœur du), v. *Richard*.	
— Sulpice, paroisse à Paris	38
— — (église)	45
— Vincent de Paul	21
Sainte-Agnès (sœur), v. de *Villiers*.	
— Gertrude (sœur), v. *S. Géry*.	

Pages.

Sainte Marie (Gabriel de), v. *Gifford*.
— Mecthilde (sœur), v. *Desmangin*.
— Scholastique (sœur), v. *Dubois*.
— Thérèse (sœur), v. *Gillat*.
Sauval (Henri), avocat-historien de Paris... 42
Scorailles (Anne de), v. *Roussilhe*.
— (Catherine de), v. *Roussilhe*.
— (château de), v. *Roussilhe*.
Sévigné (Mme de)... 27
Soissons (abbaye N.-D. de).............................. 25

T

Tarse (évêque de)....................................... 16
Tallemant des Réaux.................................... 26

V

Val (Prieuré du), v. *Osne*.
Valençay (v. Leonor d'*Etampes* de).
Vaucelles (abbé de)..................................... 47
Vaugirard (rue de), à Paris............................. 38
Verpel (moulins de)..................................... 20
Villers-Cotterets (abbaye Saint-Remi et Saint-Georges de) 29
Villiers (sœur Jeanne de), dépositaire et procureuse...... 32
Vieuville (Henriette de la)............................. 9
— (Robert, marquis de la).................... 9
Vintimille (Guill. de), v. *Luc*.

Y

Yvois (annales d')...................................... 22

TABLE GÉNÉRALE DES MATIÈRES

	Pages.
Titres	3
Dédicace	5
Avertissement	7
Esquisse historique	9
Pièces justificatives	49
Tables	69 — 75

1778 — PARIS, IMP. G. PICQUOIN, 53, RUE DE LILLE

www.ingramcontent.com/pod-product-compliance
Lightning Source LLC
LaVergne TN
LVHW051457090426
835512LV00010B/2186